新・現代農山村の社会分析

高野 和良

編著

学文社

執 筆 者

*髙野和良　九州大学大学院人間環境学研究院教授　（第1章，第6章，付章）

山本　努　神戸学院大学現代社会学部教授　（第2章）

ミセルカ・アントニア　ウィーン大学東アジア（日本学）研究科 Reseacher
（Prae-Doc）　（第2章）

徳野貞雄　トクノスクール・農村研究所，熊本大学文学部名誉教授　（第3章，第7章）

松本貴文　國學院大學観光まちづくり学部准教授　（第4章）

吉武由彩　熊本大学大学院人文社会科学研究部准教授　（第5章）

（＊は編者，執筆順）

はじめに

　本書では，1998 年に刊行した『現代農山村の社会分析』の問題意識を引き継ぎつつ，四半世紀に迫る時間経過のなかで，九州や中国地方の農山村の変化の一端を示すことを目指した。前著の続編ともいえるが，新たな調査対象地域で実施した社会調査結果も加えることで，西日本農山村における変化の諸相を分析しており，『新・現代農山村の社会分析』と題した。

　この間，農山村は大きな変化に見舞われてきた。2020 年の国勢調査によれば，日本全体の人口減少が進むなかで，過疎地域での人口減少率は前回国勢調査時点よりもさらに上昇している。人口減少と少子高齢化が進行するなかで，極小化した世帯も増えている。不安定な生活が予想される高齢者の一人暮らし世帯，夫婦のみ世帯が増加し，集落をみても 1 集落に高齢一人暮らし世帯 1 世帯といった事態も現れてきた。これらの人口構成，世帯構成の変化に加え，平成の合併とも呼ばれた市町村合併の急激な進行も農山村に大きな影響を与えてきた。自治体数が 1990 年代のおよそ半数にまで減ることになった影響は，実に大きなものであった。

　こうした農山村を取りまく様々な環境変化のなかで，より厳しい状況に置かれているとされる過疎地域に注目し，過疎農山村の生活がいかに維持されているのかという問いに，あらためて答えることが本書の目的のひとつである。そのために本書では，前著と同様に，生活構造概念を方法論的に採用している。生活構造の概念は多様であるが（日本社会分析学会監修 2022），ここでは，「人々の暮らしを成り立たしめているさまざまな要素の複合的・定型的パターン」（山本 1998：iv）と，前著で示した捉え方を踏襲したうえで，人々の生活は，社会構造に直接的に規定される部分があると同時に，個人と社会構造を媒介する生活構造の存在によって社会構造からの影響を緩和し，社会構造自体に変化をもたらす可能性を有していることを重視している。不利な生活環境に置かれ，解体の危機にあるとも考えられてきた過疎農山村であるが，農山村的な生活構造

を有するが故に，維持再生の可能性もあるのではないかということである。また，第2章で示すように過疎農山村研究での生活構造分析においては，正常生活論，生活選択論，生活問題論の3つの研究視点が必要となるが，こうした点を確認したうえで，過疎農山村の生活構造を，時間，社会関係，空間，経済といった4つのアスペクトから捉えることで，過疎農山村での生活維持のために，人口と世代の再生，社会関係の維持，生活範囲の拡大，生活基盤の維持といった要件が抽出できる。

　これらの要件のなかでも，過疎農山村で重要な問題となっているのは，人口と世代の再生であり，人口維持のための条件が検討される必要がある。上述したように過疎地域における人口減少率の再上昇傾向のなかでは，人口増の必要性を単に指摘するだけでは意味がなく，家族，地域集団といった生活を維持するための社会集団の実態と，過疎農山村への人口還流の実態などから，人口維持の可能性が検討されなければならない。こうした論点に対して，本書では，過疎農山村の地域集団への参加状況の推移（第1章），地域意識の変質と人口還流の変化（第2章）と，社会学的な時代区分に基づいた基礎集団としての家族と世帯の極小化への変容とその影響（第3章）を整理したうえで，大規模開発という地域環境変化を経た集落における地域集団，集落活動などの変遷をもとに，共同性がいかに変容しつつあるのかが検討される（第4章）。こうした実態に基づいてはじめて，社会関係を維持していくための展望も描けるのであり，過疎農山村での生活に意味があることを実感できているかどうかを確認するために過疎高齢者の生きがいの状況（第5章）や，生活環境評価と市町村合併に対する評価の関係（第6章）が示される。

　また，現代の過疎農山村では，その内部で生活が完結しているわけではなく，外部との関係を持ち，変化する社会構造や政策に対応しながら生活が維持されている。過疎農山村の高齢世帯は，世帯としてみれば不安定かもしれないが，家族の視点を加えると近距離他出子が日常的に通うことで，また，何らかの問題が起こった場合は中距離他出子も支援に加わることで，その生活が維持されていることがわかる（第7章）。

　生活基盤の維持については，本書では十分に検討できなかったが，現代過疎農山村の産業構造に対する認識を更新する必要性を指摘しておきたい。生活範囲の拡大は通勤を伴う兼業化の進行と一体であるが，このことは，現代過疎農山村の産業構造の主体が農林業ではなくなりつつあること，つまり住民所得は兼業や複業によって形成されているという実態に示されている。兼業先として，かつての過疎農山村では役場，農協などの存在が大きかったが，市町村合併を契機に出先機関化されたことで雇用者数がかなり減少し，結果として兼業先所在地が広域化することで通勤圏が拡大し，人口流出なども起こった。一方で，高齢化の進行によって高齢者施設などの社会福祉法人が雇用の場として存在感を増しつつある例も認められる。就業構造の変化を捉えた，現代過疎農山村の生活を支える生活基盤の維持のあり方が検討されなければならないが，今後の課題としたい。そして，人口と世代の再生，社会関係の維持，生活範囲の拡大，生活基盤の維持といった諸要件の相互関係を示しながら，現代農山村の将来展望を示した（第7章）。

　本書のもうひとつの特徴として，九州地方の過疎農山村において我々が実施してきた継続的な社会調査に基づいた分析が行われている点を挙げておきたい。調査対象地域は，大分県中津江村である。いくつかの章（第1，2，5，6章）で使用した社会調査結果は，社会状況の変化に応じて一部内容を変更してはいるが，ほぼ共通した調査票を用いて約10年間隔で3回実施した社会調査から得られたものである。これらに加えて，現在にいたるまで断続的に行ってきた聞き取り調査結果も分析に用いている。3回の調査票調査の概要は第1章で示すが，1996年調査，2007年調査は大分県中津江村を対象地域とし，2016年調査は中津江村に加え，旧日田市，旧上津江村を調査対象地域とした。ほぼ同一の調査票を用いて，継続的な社会調査を実施することで，過疎農山村の住民意識，行動の変化を捉えられたのではないかと考えている（2016年調査の調査票を巻末に掲載した）。

　詳細は各章の分析で示されるが，中津江村での3回の社会調査結果の推移を見たときに，中津江村住民の地域意識として，全体的な住み心地は高い水準で

維持されてはいるが，地域の将来展望への悲観的傾向が強まっていること，また，生活環境評価としての交通や買い物の利便性などが大きく低下していることなどが明らかになった。我々は決して楽観視しているわけではないが，不安定な状況にもかかわらず継続されている過疎農山村の生活実態を示すことで，現代過疎農山村での生活継続の可能性の一端を示すことができたと考えている。

さらに，本書で使用した社会調査も含めて，これまで過疎農山村地域で社会調査を行うなかで向き合わざるを得なかった問題のいくつかを共有できればと思い，調査ノートとしての付章を設けた。

このように，生活構造の概念を用いていること，継続調査の結果に基づき変化の諸相を捉えていることが本書の特徴であるが，この間の社会調査の対象者が，中津江村での生活を維持できている人々に限定されているという制約があることには注意が必要である。つまり，生活を維持できなかった人々は他出している可能性があり，他出を選択した，あるいは選択せざるを得なかった人々の実態分析があってはじめて，過疎農山村の生活維持の可能性を総合的に検討できるということである。そのためには，他出した人々を対象とする社会調査が必要であり，本書では取り上げることができなかったが，現在そうした社会調査の準備を進めつつある。

なお，いくつかの章には既発表の論考を再構成したものもあり，初出は下記の通りである。また，主な用字・用語は緩やかに揃えたが，各執筆者の判断に委ねたことをご理解願いたい。

本書の刊行までには，かなりの時間がかかってしまい，編者の力不足を恥じるばかりである。学文社の田中千津子代表は，辛抱強くお待ちくださり，刊行を実現してくださった。あらためて感謝申し上げたい。

新型コロナウイルスによる感染症の感染収束は未だ見通しにくく，また，ロシアによるウクライナ侵攻という不安定な状況にも世界が直面しているなかで，前著から四半世紀の間の現代農山村の社会分析を通して，何を示すことができたのかを自問しつつ，本書が次の四半世紀に向けての将来展望を描く手がかり

となることを願うばかりである。

第1章　書き下ろし
第2章　山本努　ミセルカ・アントニア（2018）「過疎農山村における人口還流と地域意識——大分県中津江村1996年調査と2016年調査の比較」『社会分析』45号：135-148（改訂，加筆して転載した。）
第3章　書き下ろし
第4章　書き下ろし
第5章　吉武由彩（2019）「地域生活構造への接近（2）——高齢者の生きがい調査から」山本努編『地域社会学入門——現代的課題との関わりで』学文社：149-175（大幅に加筆を行ったが，一部に記述の重複がある。）
第6章　高野和良（2009）「過疎農山村における市町村合併の課題——地域集団への影響をもとに」『社会分析』36号：49-64（大幅に加筆変更を行った。）
第7章　書き下ろし
付　章　高野和良（2011）「過疎地域における社会福祉調査の課題」『社会と調査』6号：43-49（改訂，加筆して転載した。）

【参考文献】
日本社会分析学会監修，稲月正・加来和典・牧野厚史・三隅一人編著（2022）『シリーズ生活構造の社会学①生活からみる社会のすがた』学文社
山本努（1998）「はじめに——本書の課題」山本努・徳野貞雄・加来和典・高野和良『現代農山村の社会分析』学文社

2022年5月

換気のために窓が開けられた
山口県立山口図書館の閲覧室にて

高野　和良

目　次

第1章
過疎農山村地域における地域集団参加の変化
——大分県中津江村 1996 年調査・2007 年調査・2016 年調査から——

第1節　過疎農山村地域の 20 年間の変化

　過疎地域の人口増減率が再び増大している。これまでの増減率の推移をみると，過疎化の初期段階であった 1960 年から 1965 年では，−8.6%，1965 年から 1970 年が，−8.9% であった。その後，いったん鈍化したが，1985 年から 1990 年に再び減少しはじめ，2015 年から 2020 年には，−9.6% となり，今後さらに減少することが予想されている（総務省地域力創造グループ過疎対策室 2022：34）（図 1-1）。人口減少率が，かつての人口移動による社会減から，高齢者数の増加に伴う死亡者数の増加と少子化による自然減によって再上昇するなかで，過疎地域での生活継続が危ぶまれている。しかし，人口減少率や高齢化率は，ある時点での過疎地域の状態を切り取ったものであり，生活実態の全体像は十分に捉えられていないのではないだろうか[1]。確かに，人口減少率や高齢化率の上昇は重要な変化を示すものではあるが，これらは問題を引き起こす要因であり，結果なのであって，それ自体が問題なのではないともいえる。あらためて述べるまでもないが，人口減少や高齢化が，人々の生活構造にもたらした変化の実態が問われなければならない。この変化の過程は通時的な検討を経て確認される必要があり，それによってこそ将来展望も描けるのではないだろうか。

　そこで，本章では，人口減少や高齢化が急速に進行している過疎農山村である大分県中津江村[2]で 1996 年，2007 年，2016 年に実施した縦断的な社会調査結果を用いながら，人々が社会との関係を取り結ぶ際の媒介構造である中間集団としての地域集団と集落活動への参加状況の約 20 年間の推移を捉え，過

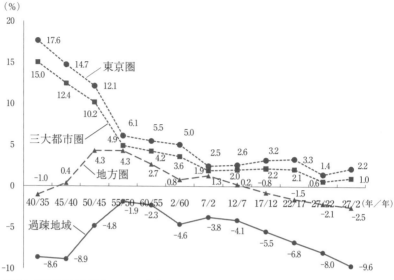

図 1-1　過疎地域，三大都市圏，地方圏等の人口増減率の推移

（出典）総務省地域力創造グループ過疎対策室（2022：34）

疎農山村の生活構造の変化の一端を示すこととしたい。

　それに先だって，調査対象地域である大分県日田市中津江村の概要と近年の人口推移等を簡単に整理しておきたい。

第 2 節　中津江村の人口と世帯数の変化

■2-1　人口急減と世帯の極小化

　大分県日田市中津江村は福岡県八女市（旧矢部村），熊本県小国町，菊池市などと接する県境にある。中津江村は町村制によって 1889（明治 22）年に栃野村（野田，川辺）と合瀬村（丸蔵，鯛生）とが合併し成立した（中津江村誌編集委員会 1989）。現在も栃野，合瀬という 2 つの大字は，地域単位として用いられている（図 1-2）。

　1900 年代初頭からは合瀬の鯛生地区にあった鯛生金山[3] で採掘が始まり，

図1-2　1889（明治22）年合併当時の中津江村と4地区

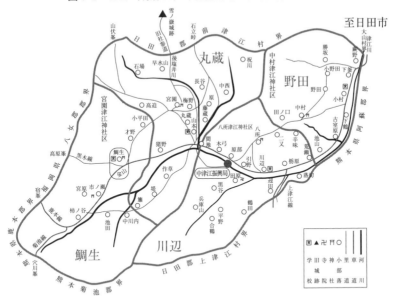

（注）4地区の境界線は厳密なものではない。
（出典）中津江村誌編集委員会（1989）を一部改変

後述のように人口急増が起こるが，一転して1972年の閉山以降は急激な人口
減少を経験する。そして，2005年3月22日に周辺町村（大山町，天瀬町，前津
江村，上津江村）とともに日田市に編入合併され，単独行政としての旧中津江
村は廃村となった。この市町村合併の影響をめぐっては，第6章で検討する。

　上述したように，中津江村の人口推移に鯛生金山が与えた影響は大きい。中
津江村全体でみると1920年代の本格的な金山開発とともに人口増加が始まっ
ている（図1-3）。1926（大正15）年当時の鯛生金山は，三本の竪坑で採鉱し，
従業員647人（内男性545人）であり，69棟の鉱夫住宅に312世帯，1,312人
が居住していた。金山従業員の急増もあって，1920年に3,328人であった中津
江村人口は，金山が1930年代に産金量日本最大にまで拡大したこともあって，
15年後の1935年には7,528人に達する。

　その後，1960年代からの採掘量の減少や1972年の閉山によって，人口減少

図1-3　中津江村の人口と世帯数の推移

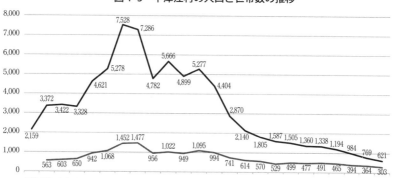

（出典）各年次国勢調査。1879年，1914年，1916年の人口は中津江村誌編集委員会（1989）

が始まる。炭鉱などの資源採掘型地域で認められる資源枯渇後の急激な人口流出という事態と，高度経済成長期に日本社会全体で進行した都市地域への人口流出という2つの事態が同時期に進行した結果，1960年以降の人口減少率はより大きくなったといえよう（表1-1）。

　その後も人口減少は続き，2005年以降の国勢調査間の人口減少率も2割前後が続き，隣接する旧町村と比較しても高い。また，2005年の市町村合併時の1,194人から2020年には621人とほぼ半減し，増減率は−48.0％であった。もちろんこれは中津江村だけで起こっているのではなく，旧日田市はもちろん，合併後の日田市全体でみても市町村合併直後の2005年の74,165人から2020年には62,657人に減少している。この15年間の人口増減率は−5.8％であり，合併によって人口が維持されたわけではないことがわかるが，なかでも中津江村の人口減少率の高さは目立っている。

　さらに世帯数も大きく減少しており，2005年（465世帯）から2020年（303世帯）までの増減率は−34.8％であった。合併前の旧市町村のなかで最も高率であり，隣接する上津江村（−24.9％）と比較しても約10ポイント高い。人口と世帯の減少によって，平均世帯人数も2005年の2.57人から2020年には2.05人となった。また，2020年の高齢化率は54.1％（336人），生産年齢人口

表 1-1　世帯数・人口・1 世帯あたり人員の推移（旧日田市・中津江村・旧上津江村）

	旧日田市				
	世帯数	人口	1 世帯あたり人員	世帯増減率（%）	人口増減率（%）
1960 年	13455	68437	5.09		
1965 年	14934	66787	4.47	11.0	− 2.4
1970 年	16006	64866	4.05	7.2	− 2.9
1975 年	17103	63969	3.74	6.9	− 1.4
1980 年	18268	65358	3.58	6.8	2.2
1985 年	18747	65730	3.51	2.6	0.6
1990 年	19442	64695	3.33	3.7	− 1.6
1995 年	20143	63849	3.17	3.6	− 1.3
2000 年	20836	62507	3.00	3.4	− 2.1
2005 年	21246	60946	2.87	2.0	− 2.5
2010 年	21513	59120	2.75	1.3	− 3.0
2015 年	21624	56512	2.61	0.5	− 4.4
2020 年	21803	54171	2.48	0.8	− 4.1

	中津江村				
	世帯数	人口	1 世帯あたり人員	世帯増減率（%）	人口増減率（%）
1960 年	1095	5277	4.82		
1965 年	994	4404	4.43	− 9.2	− 16.5
1970 年	741	2870	3.87	− 25.5	− 34.8
1975 年	614	2140	3.49	− 17.1	− 25.4
1980 年	570	1805	3.17	− 7.2	− 15.7
1985 年	529	1587	3.00	− 7.2	− 12.1
1990 年	499	1505	3.02	− 5.7	− 5.2
1995 年	477	1360	2.85	− 4.4	− 9.6
2000 年	491	1338	2.73	2.9	− 1.6
2005 年	465	1194	2.57	− 5.3	− 10.8
2010 年	394	984	2.50	− 15.3	− 17.6
2015 年	364	769	2.11	− 7.6	− 21.8
2020 年	303	621	2.05	− 16.8	− 19.2

	旧上津江村				
	世帯数	人口	1 世帯あたり人員	世帯増減率（%）	人口増減率（%）
1960 年	573	3333	5.82		
1965 年	597	3040	5.09	4.2	− 8.8
1970 年	528	2254	4.27	− 11.6	− 25.9
1975 年	473	1768	3.74	− 10.4	− 21.6
1980 年	448	1560	3.48	− 5.3	− 11.8
1985 年	435	1535	3.53	− 2.9	− 1.6
1990 年	473	1475	3.12	8.7	− 3.9
1995 年	506	1407	2.78	7.0	− 4.6
2000 年	498	1308	2.63	− 1.6	− 7.0
2005 年	413	1053	2.55	− 17.1	− 19.5
2010 年	383	878	2.29	− 7.3	− 16.6
2015 年	339	774	2.28	− 11.5	− 11.8
2020 年	310	666	2.15	− 8.6	− 14.0

（注）各年の国勢調査による。
（出典）日田市（2018，2022）

6

率 41.9%（248 人），年少人口率 6.0%（37 人）であった。第 2 章で詳細に検討されるが，中津江村住民の地域での生活に対する将来展望がかなり悲観的であることの背景には，「無子化した集落」が増えることで「土地保全行為」の意味が失われ「精神レベルの集落解体」が起きていることもあるのかもしれない（山本 1996：17）。

■2-2　人口と世帯数減少の地域性

　さて，鯛生金山閉山以降の人口減少が，中津江村の全域で一律に進んできたわけではない。中津江村の野田，川辺，丸蔵，鯛生の 4 地区別でみると，かなり差異が認められる（表 1-2）[4]。閉山後の 1975 年から 2015 年までの期間では，日田圏域の中心市である旧日田市から自動車で 70 分程度かかり，日田市中心部からより遠隔である合瀬の鯛生地区（人口増減率−78.5%），丸蔵地区（同−77.3%）で人口減少が進んでおり，さらに合併以前に役場（現在は日田市中津江振興局）が置かれ，旧中津江村時代からの中心部であった栃野の川辺地区（同

表 1-2　旧中津江村 4 地区人口の推移

| | 栃野地区 | | | | 合瀬地区 | | | |
| | 野田 | | 川辺 | | 丸蔵 | | 鯛生 | |
	人口	人口増減率(%)	人口	人口増減率(%)	人口	人口増減率(%)	人口	人口増減率(%)
1975 年	289		833		649		601	
1980 年	289	0.0	737	−11.5	494	−23.9	480	−20.1
1985 年	280	−3.1	672	−8.8	419	−15.2	391	−18.5
1991 年	266	−5.0	660	−1.8	367	−12.4	347	−11.3
1994 年	264	−0.8	602	−8.8	342	−6.8	308	−11.2
1999 年	292	10.6	565	−6.1	282	−17.5	271	−12.0
2004 年	322	10.3	514	−9.0	266	−5.7	250	−7.7
2009 年	300	−6.8	447	−13.0	208	−21.8	186	−25.6
2015 年	240	−20.0	377	−15.7	147	−29.3	129	−30.6
	人口差	人口増減率(%)	人口差	人口増減率(%)	人口差	人口増減率(%)	人口差	人口増減率(%)
1975 年〜2015 年	−49	−17.0	−456	−54.7	−502	−77.3	−472	−78.5

（出典）中津江振興局による住民基本台帳集計資料をもとに作表

−54.7％）も，鯛生地区，丸蔵地区ほどではないが人口減少が進んでいる。一方で，自動車で 30〜45 分程度と日田市により近く，旧村時代に定住対策として村営住宅が建設され，鯛生地区などの後継世代が村内移住していた野田地区（同−17.0％）では，2005 年の合併前には人口増加傾向にあったが，合併後には人口減少傾向となっている。山本（山本 1996：17-20）は，1975 年から 1996年までの中津江村の栃野地区（野田，川辺），合瀬地区（丸蔵，鯛生）の人口と世帯数の減少傾向を比較し，栃野地区では人口減少はみられるが，世帯数の大幅な減少はみられないこと，一方，合瀬地区では人口減少と世帯数の減少が同時に進行していることを指摘している。日田市から遠方となる集落ほど世帯数の減少が進み，集落消滅の危機が大きいとする。その後も，ここで指摘された事態がさらに進行しているとみることができる。

　また，2015 年時点での鯛生地区の高齢化率は 55.8％であり，丸蔵地区（59.9％）に次いで高かった。川辺地区（50.5％），野田地区（38.5％）と比較して，高齢化が進んでいることがわかる。資源採掘型地域の資源枯渇後の事態と同様に，金山閉山後の人口流出は，青壮年層を中心とした，いわば出て行くことができた人は流出し，出て行けなかった人は残るといったかたちでまず進行したといわれている。むろん，要因はこれだけではないが，金山閉山時点での中高年層であった人々が残留し，青壮年層が大規模に流出したことが，鯛生地区などでの高齢化率上昇の一因と考えられる。

　以上のように，人口と世帯の減少という側面から中津江村をみれば，かなり厳しい状況におかれていることがわかる。多くの世帯が，高齢者の一人暮らし，夫婦のみとなり不安定化し，その結果，様々な影響が生活に及んでいる。影響のひとつとして，世帯数の急激な減少と高齢化の進行によって参加者が減ることで，各集落での地域集団の活動維持が難しくなり，生活を支えてきた様々な仕組みが弱体化していることが挙げられる。地域集団への参加が減少し，その結果として集団が提供していた機能が消失しつつあるとすれば，生活の不安定性はさらに増すと予想できるが，実際の状況を確認したうえでの検討が必要であろう。そこで，次節では地域集団，集落活動への参加状況と，地域集団活動

への評価等を確認する。

第3節　過疎農山村における地域集団参加

■3-1　中津江村での3調査の概要

　中津江村を対象地域として，3回の社会調査（調査実施年をもとに1996年調査，2007年調査，2016年調査と略称）を実施した（表1-3)[5]。調査項目と調査票は，必要に応じて見直してきたが，3調査ともに共通した構成を維持しており，継続性をかなり意識してきた。巻末には，2016年調査の調査票を収載した。

　本書のいくつかの章（第1, 2, 5, 6章）では，これらの結果を用いることで，過疎地域住民の行動と意識の通時的な変化が検討されている。過疎地域という概念は，過疎法の定義のように単なる人口の減少などとしてだけではなく，短期間での人口流出にともなう変化に，当該の地域社会が対応できず，生活維持が困難になることでもたらされる問題として，通時的な検討も必要である。変化の影響は短期的なものもあれば，中長期的な経過のなかで浮上してくるものもある。時間軸の視点を持ち，継続調査データを用いることで，中津江村とい

表1-3　使用した社会調査の概要

	1996年調査	2007年調査	2016年調査
調査の名称	中津江村　住みよい地域づくりアンケート	中津江村地区　住みよい地域づくりアンケート	日田市における住みよい地域づくりアンケート
実査時期	1996年8月17日～10月中旬	2007年10月30日～11月下旬	2016年1月12日～2月上旬
調査方法	留め置き法（集落世話人を通じて旧中津江村役場の協力を得て回収）	郵送法	郵送法
調査対象	日田郡中津江55集落のうち27集落18歳以上居住者	日田市中津江村20歳以上居住者	日田市（旧日田市，中津江村，旧上津江村）20歳以上居住者
調査対象数	681人（1996年6月住民基本台帳登載18歳以上人口）	609人（2007年10月選挙人名簿登載者）	1,000人（2015年12月選挙人名簿登載者，旧日田市400人，中津江村300人，旧上津江村300人）
抽出方法	悉皆	系統抽出	系統抽出
回収数（回収率）	509人（74.7%）	410人（67.3%）	460人（46.0%）旧日田市142人（35.5%）旧上津江村119人（39.7%）中津江村156人（52.0%）

う過疎農山村の約20年の変化を捉えることができる。

　1996年調査は市町村合併前に，2007年調査は合併後2年を経た時期に実施した。さらに2016年調査は，第6章で検討するように，合併の「本来の効果」（総務省 2010：10）が認められるとされる合併後約10年経過時に実施した。また，2005年の合併では旧日田市への編入合併方式が採用されたため，2016年調査では編入した側と，編入された側とを比較するために，中津江村に加えて，旧日田市，旧上津江村も調査対象地域とした[6]。

■3-2　地域集団への参加状況

　従来，過疎農山村地域の共同生活において必要とされる機能的要件として，生産機能の維持が重視されてきた。もちろん，生産機能のみの充足で生活が維持されるわけではない。例えば，1960年代の離島コミュニティで第一次的に要請される機能的要件としては，生産機能，住居保有，用水，医療，教育，電気，渡船の7要件が挙げられ，これらの充足方法，その程度などがコミュニティのあり方を決定するのであって，こうした第一次的機能要件が充足されたうえで，「交通や娯楽や祭や婚姻や社交など」の第二次的機能要件の充足過程が成立するとされてきた（鈴木 1970：127）。現代過疎農山村の生活機能要件として，用水，電気はほぼ充足され，離島ではないため渡船は考慮せずともよいであろうが，生産機能を中心とした第一次的機能要件の充足こそが生活継続の前提であって，それによってはじめて第二次的機能要件の内容や頻度などが問われるとする枠組み自体は，現在でも根強く維持されているのではないか。このような発想は，仕事がなく収入が得られなければ生活は成り立たないので，まずは企業誘致を促すといった典型的な過疎対策にも如実に示されている。過疎農山村地域の人々による両機能要件を含む生活環境評価については第6章で検討するが，人口減少や高齢化の進行によって第一次的機能要件の維持が困難になるなかで，第二次的機能要件の存在感が増している。地域集団や祭事への参加や，ふれあい・いきいきサロン活動[7]などの地域福祉活動の場において，主に高齢者である参加者間の交流が図られ，社会的な役割が維持されることで，

過疎地域での生活の意味を確認する機会となってきた（山本・高野 2013）。過疎高齢者が，地域集団へ参加し，集まる場を持つことで過疎農山村地域での生活を継続しているのであれば，地域集団への参加者が減少し，地域集団の持つ機能が提供できなくなれば，当然，生活継続は難しくなる。これに第一次的機能要件のさらなる衰弱の影響が加わることで，いっそう困難な事態に陥りつつあるともいえよう。もちろん，第二次的機能要件が維持されるだけで過疎地域での生活が継続できるわけではなく，第一次的機能要件の維持が前提ではあるが，先に述べたように第二次的機能要件の存在感が高まっていることは指摘しておきたい（高野 2008）。

　そこで，1996 年調査，2007 年調査，2016 年調査結果の比較から中津江村の地域集団への参加状況の変化を確認する。すでに，1996 年調査と 2007 年調査の結果を比較し，参加が減少した地域集団が認められた一方で，常会，地域の祭り，神社などの清掃，葬式の手伝い，道普請といった集落活動への参加は，地域集団参加と比較して，参加者の割合が維持されていたことなどを報告している（高野 2009：49-64）。以下では，2016 年調査の結果を加えて，2007 年調査からの変化などを確認したい。

　まず，地域集団への参加割合を 3 時点の調査結果から比較すると（図 1-4），「どれにも参加していない」人の割合は，2007 年調査でやや大きくなったが，2016 年調査では 1996 年調査の水準に戻っている（1996 年調査 14.3％ → 2007 年調査 18.3％ → 2016 年調査 13.5％）。限られたデータからではあるが，全体としてみると，中津江村では合併時期に「PTA，子供会など」「地域婦人会」「消防団」「頼母子講，お日待ち講，念仏講などの『講』」といった一部の地域集団への参加者の減少が起こり，その傾向が持続しているようにみえる。

　一方で「自治会，町内会」への参加率は増加している。合併後の日田市には 163 自治会があり，自治会連合会が設けられている。2005 年の市町村合併時に，旧日田市以外の 180 自治会，町内会は，35 自治会に統合されたが，その際，中津江村では，従来の自治の単位を見直し，野田，川辺，丸蔵，鯛生の各地区と重なる旧小学校区単位の 4 自治会に再編した。こうした合併時の統合によ

図 1-4　地域集団への参加率の推移（1996 年調査：2007 年調査：2016 年調査）

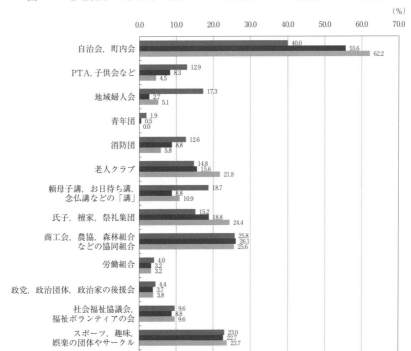

って，住民が自治会の存在をあらためて意識した結果，参加者の割合が増加した可能性がある。合併に伴う自治会，町内会の再編は，全国的にみてもかなり難しく，一筋縄ではいかない問題であるが，中津江村では再編が短期間で行われた。この背景のひとつとして，中津江村の住民にとって，最も身近な地域単位が自治会ではなく，数世帯〜数十世帯で構成され，集落とほぼ重なる「班」であり，集会所も班単位で所有している場合も少なくなかったことなどがある。

合併前も複数の班からなる自治会は設けられてはいたが，班という単位が，他地域での自治会機能を果たしていたようにみえる。さらに，後述する集落活動も班単位で行われていることから，従来の自治会がいわば実質的な意味を持っていなかったことを推測させる[8]。そのため，市町村合併時に複数の自治会を，4大字であり，小学校区でもあった馴染みのある野田，川辺，丸蔵，鯛生という地域単位で再編しても，班が維持されれば，影響は少ないと判断されたのであろう[9]。こうした自治会活動への評価については，後にあらためて検討したい。

　また，老人クラブへの参加者の割合も高齢化が進むなかで増加し，氏子，檀家，祭礼集団への参加者の割合も増えている[10]。さらに，「地域婦人会」への参加割合は2016年調査で「青年団」と同様にさらに減少するかと思われたが，わずかだが上昇している。中津江村の連合地域婦人会は，合併先の旧日田市の婦人会活動が活発ではなかったため，単独での維持が難しく，2005年の合併時に廃止された。地域婦人会などの地域集団は，単独あるいは複数の集落を単位とした活動と，中津江村を範囲とする連合会としての活動で維持されてきた。合併によって中津江村の連合地域婦人会としての組織は解体したとしても，地域婦人会が持っていた地域活動に関する諸機能は，集落での生活には必要であり，後述する丸蔵地区のように名称は変わったとしても，実質的には地域婦人会としての活動が継続されているために，参加割合自体はわずかだが維持されているのだと思われる。

　この「地域婦人会」には，先に述べたように集落単位の地域婦人会の代表者が，中津江村単位の連合地域婦人会活動に参加し，他の集落や中津江村全体の動向を把握し集落に伝達することで，集落外の現状の共有と緩やかな集落間の関係性を形成する機能も持っていた。しかし，連合地域婦人会が解散することで，集落外部とのネットワークの経路の縮小が起こり，集落の地理的，空間的な孤立に加えて，社会的な孤立が促進される恐れがある（高野 2013：148-150）。

　さらに，2007年調査を用いて高齢層（65歳以上）と青壮年層（20〜64歳）別に地域集団への参加状況をみると（図1-5）[11]，社会的役割の縮減期とされる

図 1-5　年齢 2 区分別地域集団への参加率（2007 年調査）

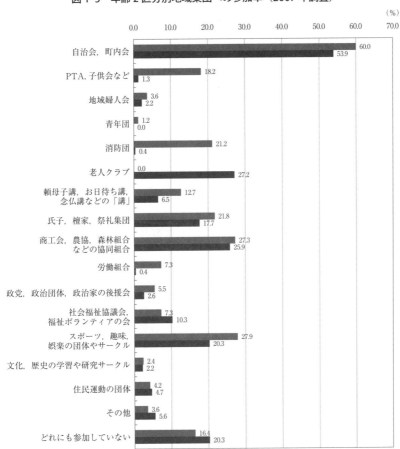

■ 青壮年層（20〜64歳）　　■ 高齢層（65歳以上）

高齢層で「どれにも参加していない」者の割合が 2 割（20.3％）を占めている
ことが目立つ。5 人に 1 人の高齢者がこうした地域集団を媒介とした関係性が
弱い状態にあること，あるいは自ら関係を避けようとしていることを推測させ
る結果である。青壮年層，高齢層ともに，任意加入集団としての「スポーツ，
趣味，娯楽の団体やサークル」，生産活動に関係する「商工会，農協，森林組
合などの協同組合」への参加割合は相対的に高く，青壮年層では「消防団」も

14

2割強の参加割合となっている。しかし，全般的にみれば，「自治会，町内会」以外の参加割合は大きなものではない。農山村では，地域集団，年齢階梯集団が比較的維持されていると思われがちであるが，現状をみるとそうとばかりはいえないようである。また，現在の高齢層は，年齢階梯集団への参加を経験するなかで，いわば地域集団への参加経験を蓄積してきたともいえるが，兼業化が進み，通勤範囲が広域化し日常的移動を繰り返している青壮年層にとって，それは難しいのかもしれない（高野 2011）。この点は，集落活動の状況とあわせて考えてみたい。

■3-3　地域集団への参加頻度と評価

　ここまで，地域集団への参加の有無について確認してきた。しかし，参加と活動とが一致しているとは限らず，参加はしているが，実際は活動していないことも大いにあり得る。さらに，参加頻度や活動の重要性の評価も確認されなければ，地域集団への参加の変化によってもたらされる影響は捉えられない。

　まず，「最もひんぱんに参加している団体」をみると，青壮年層（20〜64歳）では「自治会，町内会」が3割弱（28.8%）で最も割合が高くなり，次いで「スポーツ，趣味，娯楽の団体やサークル」（22.5%）であったが，次の「商工会，農協，森林組合などの協同組合」は1割程度（10.8%）であった。高齢層（65歳以上）では，「自治会，町内会」（25.0%）の割合が最も高いが，老人クラブ（23.0%），「スポーツ，趣味，娯楽の団体やサークル」（22.0%）までは，そう大きな差は認められなかった。高齢層は，身体的な不安を抱えたり，移動手段が確保できない場合などもあって，青壮年層よりもひんぱんに参加する地域集団が限られてくるのかもしれない（表1-4）。

　次に，「最も大事な団体」をみると，「自治会，町内会」が青壮年層（42.3%）と高齢層（39.3%）で，ともに第1位となり，第2位以降の地域集団との割合の差が大きく開いている。

　さらに，「最も役に立っている団体」では「自治会，町内会」が青壮年層（26.7%），高齢層（35.5%）ともに第1位であったが，青壮年層では「自治会，

表1-4　年齢2区分別地域集団への評価（2007年調査）

(%)

	最もひんばんに参加している団体		最も大事な団体		最も役に立っている団体	
	青壮年層 (n=111)	高齢層 (n=100)	青壮年層 (n=104)	高齢層 (n=89)	青壮年層 (n=101)	高齢層 (n=93)
第1位	自治会，町内会（28.8）	自治会，町内会（25.0）	自治会，町内会（42.3）	自治会，町内会（39.3）	自治会，町内会（26.7）	自治会，町内会（35.5）
第2位	スポーツ，趣味，娯楽の団体やサークル（22.5）	老人クラブ（23.0）	スポーツ，趣味，娯楽の団体やサークル（12.5）	商工会，農協，森林組合などの協同組合（14.6）老人クラブ（14.6）	商工会，農協，森林組合などの協同組合（20.8）	商工会，農協，森林組合などの協同組合（15.1）スポーツ，趣味，娯楽の団体やサークル（15.1）
第3位	商工会，農協，森林組合などの協同組合（10.8）	スポーツ，趣味，娯楽の団体やサークル（22.0）	商工会，農協，森林組合などの協同組合（10.6）	スポーツ，趣味，娯楽の団体やサークル（7.9）	スポーツ，趣味，娯楽の団体やサークル（15.8）	老人クラブ（14.0）
第4位	PTA，子供会など（9.0）	商工会，農協，森林組合などの協同組合（13.0）	PTA，子供会など（9.6）	氏子，檀家，祭礼集団（5.6）社会福祉協議会，福祉ボランティアの会（5.6）	氏子，檀家，祭礼集団（8.9）	社会福祉協議会，福祉ボランティアの会（5.4）その他（5.4）
第5位	消防団（8.1）	その他（6.0）	消防団（8.7）		PTA，子供会など（6.9）	

町内会」だけに支持が集まったわけではなく，「商工会，農協，森林組合などの協同組合」（20.8％），「スポーツ，趣味，娯楽の団体やサークル」（15.8％）に緩やかに分散している。高齢層では，青壮年層よりも「自治会，町内会」の割合が高く，第2位と差が開いている。高齢層の「老人クラブ」参加の割合（図1-5）は3割弱（27.2％）であったが，参加頻度ではそれなりに支持を集めているものの，最も大事で，最も役に立っているかといえば，そうとばかりはいえないようである。

　「自治会，町内会」は，青壮年層（60.0％）と高齢層（53.9％）の両年齢層でともに6割近い参加割合であり，ひんぱんに参加し，また，最も大事であり，最も役に立っているとの認識が共有されている。こうした点を素直にみれば，様々な地域集団が弱体化し，参加率が減少したとしても，自治会が維持されていれば，住民にとってあまり問題はないといえるのかもしれない。しかし，一方で，地域集団活動が全般的に衰退傾向にあるなかで，ひんぱんに参加できる

団体が少なくなり，大事な団体として自治会ぐらいしか挙げられないという事態の反映とはいえないだろうか。そうした懸念を覚えるのは，中津江村での現在の自治会活動があまり機能していない実態が認められるからである。

　中津江村のなかでも人口減少と世帯数の減少率が大きい合瀬の鯛生地区の自治会長への聞き取り [12] では，人口減少と高齢化が進むなかで，自治会活動の担い手も少なくなり，地域での問題があったとしても自治会主導での解決は難しくなってきており，できることといえば対処法を考えたうえで，行政につないでいくぐらいしかないこと，また，自治会活動よりも，民生委員による「ミニデイサービス」（ふれあい・いきいきサロン活動）などに高齢者が参加し，楽しく過ごし，ここに住んで良かったと思ってもらえることが大切ではないかとのことであった。また，丸蔵地区の自治会長も，地域での活動は自治会主導というよりも，自治会とは別組織で30数年間活動を継続してきた男性を会員とする「親和会」と，合併以前の地域婦人会を継承した「さくら会」が，地区での祭りなどを支えており，自治会でできることは少ないとのことであった（杉本 2020：33-34）。一方で，比較的人口や世帯数を維持している栃野の川辺地区，野田地区の自治会では，スポーツ大会や視察研修，祭りなどが行われてはいるが，防災活動などを行うまでにはいたっていない。

　合併時に再編され成立した中津江村の自治会であるが，合併から15年以上が経過した時点でも，実質的な活動内容を見出すことが難しい実態にあるように思われる。ある自治会長は，住民にとって合併以前の役場のような相談先が失われた結果として，自治会に頼ることが増えてきた可能性を示唆していた。自治会は，合併による役場機能の低下と，地域集団全般の弱体化のなかで，相対的な重みが増しているに過ぎないといえるのかもしれない。

　さらに，一人暮らしや夫婦のみの高齢世帯が数世帯となった集落は決して稀ではなくなり，高齢化も進行している。こうなると班活動はもとより，その維持すら難しくなるなかで，上述したミニデイサービスなどの地域福祉活動が果たしている役割が大きくなっているようにみえる。先の鯛生地区の事例であるが，高齢女性の一人暮らし世帯のみになった集落（1世帯1人）の高齢者は，

民生委員が，複数の集落の高齢者を対象として開催している広域的なミニデイサービスへの参加を楽しみにしていると話してくれた。かつてであれば，集落内での班活動などだけでも社会関係が維持され，社会的役割も提供されており，地域福祉活動は高齢者の生活全体からみれば，ごく一部を占めるに過ぎない存在であった。しかし，集落内での班活動が維持できなくなるなかで，地域婦人会などが持っていた潜在機能としての集落外部との関係性の維持と社会的孤立を回避する機能を，ミニデイサービスという地域福祉活動への参加が代替しているともいえる。ミニデイサービスで近隣集落の人々と継続的に関係を持っていなかったならば，集落に1人という孤独感はより深まっていたのかもしれない。たとえ集落間の距離が離れていても，そこに知り合いがいると感じられることによって，空間的に孤立していたとしても孤独ではない，という意識につながる（高野 2022）。これを地域福祉活動であるミニデイサービスが支えているということ，さらにいえば，第二次的機能要件が持つ意味を示す例であることを指摘しておきたい[13]。

■3-4　集落活動の状況

ここまで地域集団の状況について検討してきたが，過疎農山村での生活にとって，農業などの生産活動に必要とされる農業用水の管理，共有林や道路管理などの共同作業，祭事などといった活動の果たす役割は大きい。こうした活動を，ここでは集落活動と呼んでおくが，集落活動を担う組織は，中津江村の場合は班である。先に指摘したように，地域集団のなかには，婦人会のように，集落単位の活動と中津江村単位の連合会活動との関係をみることによって，その機能の全体像が把握できる場合があるが，集落活動のほとんどは，集落内での活動として班によって維持されてきた。このため，市町村合併によって4自治会に再編されたとしても，その影響をあまり受けることはなかったが，人口減少や高齢化の進行は活動の維持を難しくしている。

2007年調査，2016年調査で参加状況を確認すると（図1-6），「常会（集落の寄り合い）」，「地域のお祭り（準備も含む）」には高齢者，青壮年層を問わず，

18

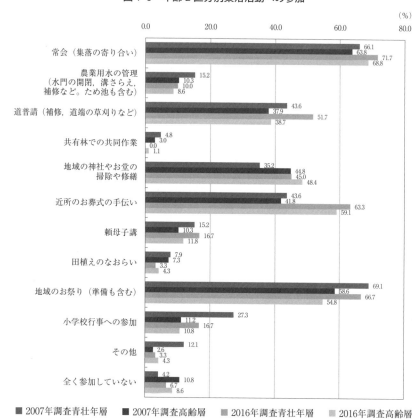

図1-6　年齢2区分別集落活動への参加

■ 2007年調査青壮年層　■ 2007年調査高齢層　2016年調査青壮年層　2016年調査高齢層

大半が参加していることがわかる。また「近所のお葬式の手伝い」「道普請（補修，道端の草刈りなど）」「地域の神社やお堂の掃除や修繕」も比較的多くの人々が参加しており，なかでも「近所のお葬式の手伝い」は2016年調査で参加者の割合が増加してすらいる。一方で，「農業用水の管理（水門の開閉，溝さらえ，補修など。ため池も含む）」への参加は1割前後に減少し，「田植えのなおらい」への参加も少なくなるなど，農業関連の活動は衰退しつつあるようにみえる。しかし，「全く参加していない」人の割合は，両調査結果ともに低い割合にとどまっている。2007年調査の高齢者では1割強（10.8％）であったが，2016年

調査では両年齢層ともに1割を下回っている。これは，地域組織への参加で「どれにも参加していない」人の割合が2割弱（2007年調査18.3％）であったことをみれば，低い割合といえよう。

　地域集団の参加率のなかには「PTA，子供会など」「地域婦人会」「消防団」などのように，参加者の減少傾向が認められたものもあったが，班単位での集落活動は，地域集団活動と比較すれば維持されているようにみえる。集落住民にとってそれだけ重要な活動として捉えられていることを推測させる。

　繰り返しになるが，中津江村では，集落における人口減少，世帯数の減少，高齢化の進行などによって集落が極小化し，班が成り立たなくなる場合が増えるにつれて，集落活動も維持できなくなってきた。班への参加と集落活動という基礎的な枠組みが崩れつつあるなかで，ある鯛生の集落では，数年前から道普請は行政が行うことになったが，集落の春と秋の祭りは続けられてきた。数カ月前から少しずつ準備を行い，祭りの当日は，他出子も数人参加する。もちろん，以前と比べれば参加者は少ないが，祭りは続けていきたいとのことであった。祭りを続けることがひとつの目標となり，集落の人が減っても祭りは続けたいといった意識こそが，この地域で暮らしていくという意欲を支えているようにみえる（高野 2022）。

　加えて，班による集落活動が，もはや集落居住者のみでは行われていないこと，言いかえれば集落外居住者の参加があってはじめて維持可能となっていることを指摘しておきたい。集落居住者の中心は，集落居住高齢者の他出子であり，他出子との関係性を視野に入れて検討しなくては，過疎農山村の生活構造は把握できないといえよう。重要なこの論点は，第3章，第7章でも検討される。

　さらに，近年，集落単位での集落活動の実施が難しくなるなか，広域での共同実施の必要性が指摘され，複数の集落間のネットワーク形成などが検討される場合がある。複数集落間の連携によって，問題の先送りにはなるかもしれないが，さらに人口減少が進んだ次の段階では，効率性や利便性の高い地域への住民移動を促すための布石となる可能性もあり注意が必要である。とはいえ，集落活動の複数集落による共同実施がひとつの方法論として検討されるほど，

過疎農山村は厳しい状況に陥りつつあるとみるべきであろう[14]。

第4節　地域集団と集落活動

　以上のように，この間の過疎農山村の地域集団に認められた変化は，大づかみにいえば，一部の地域集団活動は衰退傾向にあること，自治会への参加は維持され参加頻度も高く，重視されているようにみえるが，活動実態が伴っていない可能性があること，集落と重なる班単位での集落活動は比較的維持されていること，などである。こうした傾向が，過疎農山村の生活の困難に直結するかどうかは，さらに経緯を追う必要があるが，過疎農山村では，今後さらに人口，世帯数の減少，世帯の極小化，高齢化率の上昇などが予測されている。その結果として，地域集団への参加者が減少し，維持できなくなることで，地域集団はその役割を終えることになるのであろうか。確かに婦人会，消防団などのいわゆる機能集団は，その維持が難しくなるなかで参加が減少していた。一方で，班単位での集落活動は，現時点では比較的維持されていた。地域集団への参加率の低下は，何も中津江村という過疎農山村特有の問題ではなく，都市部でも広く認められるものであるが，都市部と比較して，これまでは，班単位での集落活動が比較的維持されてきた点は大きく異なる。しかし，すでに班による集落活動の維持は難しくなりつつあり，今後さらに困難な状態に移行した場合，過疎農山村の生活にどのような影響が現れてくるのかといった点は，慎重に見極めていかなくてはならない。その際，他出子との関係も含めた検討が必要であることをあらためて指摘しておきたい。

【注】
1）こうした把握の問題点については，第2章，第5章でも指摘され，第4章では「集落消滅論」の抱える限界も検討される。さらに，第7章でも他出子の還流実態をもとに，現実的な生活基盤の検討が必要であるとされている。
2）2005年の編入合併によって旧中津江村の単独村政は閉じられたが，2002年のサッカーワールドカップでカメルーン代表のキャンプ地となり，全国から注目

された経緯などもあって，編入合併後も日田市中津江村として住所表記が残ることとなった。同時に合併した前津江村，上津江村は，村の名称は廃止されている。本章では単独村政時を指す場合は旧中津江村とし，それ以外の場合は，中津江村とする。

3）約70年間にわたる鯛生金山の経過は次の通りである（中津江村誌編集委員会 1989：723-753）。

1898（明治31）年　金山での採掘開始。

1916（大正5）年　新鉱脈が発見され，増産体制に移行。

1918（大正7）年　鉱山鉱業権が鯛生野鉱山から鯛生金山株式会社（本社大阪市東区）に譲渡。

1943（昭和18）年　金山整備令により保坑鉱山指定となり生産停止。

1950（昭和25）年　鉱業権を譲渡されていた帝国鉱業開発株式会社が解体。

1956（昭和31）年　鉱業権を引き継いだ新鉱開発株式会社と住友金属鉱山株式会社の共同出資で鯛生鉱業株式会社設立。

1958（昭和33）年　鹿児島大口鉱業株式会社と合併し，本格的に操業再開。

1970（昭和45）年　産金量の低迷により6月に休山。

1972（昭和47）年　閉山。

4）これらの数値は住民基本台帳に基づいており，例えば高齢層の入院，施設入所などによって住民票を残したままでの長期不在例がかなり含まれており，居住実態を必ずしも反映していない。実際にはさらに人口減少率は大きく，世帯の小規模化も進んでいると思われる。

5）本書で使用した社会調査データの一部は，以下の科学研究費補助金の助成を得て行われた研究成果の一部である。2007年調査はJSPS科研費JP17530427，その後の聞き取り調査は同JP21530598，2016年調査は同JP25380740，2016年以降の聞き取り調査などは，同JP16H03695，同JP19H01562（上記5科研費の研究代表者：高野和良），さらに，2018年の中津江村4自治会長への聞き取り調査は，同17H02591（研究代表者：西村雄郎大谷大学教授）の助成で実施した。また，中津江村住民に対する聞き取り調査は，2009年3月，2010年7月，2011年1月，2018年2月に実施した。

　　これまでの社会調査実施にあたっては，旧中津江村役場，日田市中津江振興局から様々なご協力をいただいた。

6）2016年調査の中津江村での回収率は，1996年調査（74.7％），2007年調査（67.3％）と比較して，52.0％に留まる結果となり，かなり下がっている。1996年調査は，集落世話人に依頼して配付回収を行うことができたため回収率は高かったのであるが，2007年調査は郵送法であったにもかかわらず7割を超える回収率であった。一般的に郵送調査の回収率は低くなると指摘されているなかで，2016年調査の5割を超える回収率はそう低くはないといえるかもしれない。また，近年の傾向として調査時の不在，調査拒否などの増加によって面接法の実施が

22

困難となり，むしろ，調査票を記入することにあまり負担を感じない人々が増加しつつあることによって郵送法の回収率が上がりつつあるともいわれている。

　2016 年調査の回収率低下の一因として推測ではあるが，天候要因が考えられる。実査時期の 2016 年 1 月〜2 月上旬に九州地方は強い寒波に見舞われ，中津江村では低温と積雪のため，高齢住民が外出を控えたことで返送されなかった調査票もあったと思われる。さらに，過疎地域での郵便ポスト廃止の影響も推測される。このことは今回の調査対象者から調査票返送が遅れたとの電話を，わざわざいただいたためにわかったのだが，電話をくださった高齢女性によれば，郵便ポストが近くになく，子どもに頼んで投函してもらうのに時間がかかり送付期限を過ぎてしまったとのことであった。やや古い資料ではあるが，日田市内のポスト数は，2013 年時点で全体で 175 であったが，郵便局は中津江村で 2 局のみであった。十分に実態を確認できてはいないが，過疎地域で郵便ポストが廃止されてしまい，簡単に投函できなくなれば，郵送法の前提が崩れかねない事態ともいえる。今後，過疎地域で郵送法での社会調査を実施する場合には，郵便ポストの設置状況の事前確認が必要になるのかもしれない。

7）ふれあい・いきいきサロン活動は，民生委員やボランティア活動者によって，高齢者が閉じこもり状態などに陥ることを防ぐため，歩いて通える程度の地域範囲にある公民館などを会場に開催されている。市区町村社会福祉協議会などの支援を受ける場合も多く，1990 年代以降から全国に拡大している。後述するように，中津江村ではミニデイサービスと呼ばれている。

8）中津江村で自治会の存在感があまり大きくはなかったことを示すひとつの例として，自治会はあっても，自治会活動はなかった，といった趣旨の住民の発言がある。なお，こうした関係は，第 4 章で検討されている集落と自治振興区との関係にも重なるものである。

9）2018 年 2 月 21 日に日田市自治会連合会事務局において，日田市全体の自治会の組織運営，活動内容などについて聞き取りを行った際の事務局側の発言に拠る。

10）参加者割合の増加は，調査回答者に高齢者が多いことに起因する可能性もある。3 調査の回答者の平均年齢をみると，1996 年調査では 56.4 歳であったが，2007 年調査で 64.1 歳，2016 年調査では 64.7 歳であり，合併後の 2007 年調査で平均年齢が上昇している。

11）2016 年調査は，中津江村への配票数は 300 票であったが，注 5 で述べたように，いくつかの要因から回収率が低下したと思われ，回収数は 156 票（回収率 52.0％）にとどまった。回収数が少ないため，2007 年調査結果を用いることとした。

12）2018 年 2 月 21 日，22 日の中津江村の野田，川辺，丸蔵，鯛生の 4 自治会長への聞き取りに拠るものである。聞き取り内容については（杉本 2020）も参照されたい。

13）ミニデイサービスなどの地域福祉活動が果たしている役割が大きくなっていると思われるが，地域集団参加の設問の選択肢に加えていなかったことは反省

点である。ミニデイサービスに対応する選択肢をあえて選ぶとすれば，「社会福
祉協議会，福祉ボランティアの会」かもしれないが，選択肢としては適切では
なかった。
14) 中津江村では，新たな住民組織として2018年10月から「中津江むらづくり
役場」が設立された。日田市の財政難なども背景として行政主導での立ち上げ
ではあったが，合併時に設けられた中津江地域振興協議会を基礎として活動が
継続されている。会長は振興協議会の会長（4自治会長の中から選出）で，副会
長は3自治会長であり，自治会との関係も深い。立ち上げの準備に関与してい
た自治会長からは，新たな住民自治組織を作ることは評価できるが，担い手が
なかなかみつからないこと，行政からの安定した活動費補助が必要であること，
既存の組織の活動との棲み分けが必要であること，などが指摘されていた。本
章では活動の評価は行えないが，こうした懸念への対応状況については，今後
さらに確認することとしたい。

【引用・参考文献】

地域社会問題研究会（1996）『「中津江村農村活性化に関する基礎調査業務」報告書』
日田市（2018）『平成29年版　日田市統計書』
─── （2022）『令和2年国勢調査結果（日田市内振興局管内別人口・平均年齢・
世帯数）』，https://www.city.hita.oita.jp/material/files/group/8/kokuseityousaka
kuhoutihitasi.pdf（2022年4月20日閲覧）
加来和典（2015）「過疎山村における交通問題──大分県日田市中津江村の事例か
ら」徳野貞雄監修，牧野厚史・松本貴文編著『暮らしの視点からの地方再生
──地域と生活の社会学』九州大学出版会：155-174
中津江村誌編集委員会（1989）『中津江村誌』中津江村教育委員会
日本社会分析学会監修，稲月正・加来和典・牧野厚史・三隅一人編著（2022）『シ
リーズ生活構造の社会学①　生活からみる社会のすがた』学文社
総務省（2010）『「平成の合併」について』，https://www.soumu.go.jp/gapei/pdf/
100311_1.pdf（2022年4月20日閲覧）
総務省地域力創造グループ過疎対策室（2022）『令和2年度過疎対策の現況』，
https://www.soumu.go.jp/main_content/000807031.pdf（2022年4月20日閲覧）
杉本久未子（2020）「平成の大合併後の住民自治組織──大分県日田市の事例調査
から」『同志社社会学研究』24：25-38
鈴木広（1970）『都市的世界』誠信書房
高野和良（2008）「地域の高齢化と福祉」堤マサエ・徳野貞雄・山本努編著『地方
からの社会学──農と古里の再生をもとめて』学文社：118-139
─── （2009）「過疎農山村における市町村合併の課題──地域集団への影響を
もとに」『社会分析』36：49-64
──── （2011）「過疎高齢社会における地域集団の現状と課題」『福祉社会学研

究』8：12-24

――――（2012）「過疎集落類型と集落維持の可能性――大分県日田市中津江村の現状から」『西日本社会学会年報』9：3-16

――――（2013）「過疎地域の二重の孤立」藤村正之編『協働性の福祉社会学――個人化社会の連帯』東京大学出版会：139-156

――――（2022 近刊）「人口減少社会における地域福祉活動と生活支援」小松理佐子・高野和良編著『人口減少時代の生活支援論』ミネルヴァ書房

山本努（1996）『現代過疎問題の研究』恒星社厚生閣

――――（1998）「過疎農山村研究の新しい課題と生活構造分析」山本努・徳野貞雄・加来和典・高野和良『現代農山村の社会分析』学文社：2-28

山本努・徳野貞雄・加来和典・高野和良（1998）『現代農山村の社会分析』学文社

山本努・高野和良（2013）「過疎の新しい段階と地域生活構造の変容――市町村合併前後の大分県中津江村調査から」日本村落研究学会企画，佐藤康行編『年報村落社会研究　第49集　検証・平成の大合併と農山村』農山漁村文化協会：81-114

第2章
過疎農山村地域への人口還流と地域意識
―― 大分県中津江村 1996 年調査・2016 年調査，
広島県北広島町 2006 年調査から ――

第1節　過疎農山村における生活構造研究の課題

　過疎農山村研究における生活構造分析では，図 2-1 に示すように正常生活論，生活選択論，生活問題論の３つの視点（ないし課題）が重要である（山本 1996：199-225）。正常生活論では，家族，職場，学校といった「正常人口の正常生活」の構成要素が研究される。つまり，順調な生活の土台となる社会集団や行動が研究の対象である。生活問題論では，生活機能の低下・損傷が研究の課題となる。つまり，大橋薫の生活機能障害，鈴木栄太郎の異常人口（生活）などが研究の対象である[1]。これに対して，生活選択論では「過疎地域や農山村の生活を自ら選びとる（あるいは選びとらない）選択の構造」（山本 1996：209）が主要な課題となる。本章は過疎地域における人口還流や地域意識を分析することを目的とする。したがって，本章で最も重要となる視点は生活選択論である。

　徳野（2015：32-33）によれば，今日の過疎農山村研究には，２つの「誤り」がある。すなわち，ひとつは，客観的データや資料から過疎化・高齢化・少子化・農林業の衰退などの外的社会環境の悪化のみを指摘しがちである。２つは，内的生活条件の悪化を示唆する場合，将来不安に目が行きすぎ，現実的生活基盤の研究が無視されがちである。この指摘は図 2-1 に即していえば，生活選択論，正常生活論の等閑視と，生活問題論の偏重に他ならない。この図 2-1 の研究構想は，山本（1996：10 章；2017：1 章，4 章）で示したものである。したがって，詳細はそちらを参照願いたいが，徳野の指摘はこの研究構想の意義づけ

図 2-1　過疎農山村の生活構造研究の視点と課題

正常生活論（的生活構造論）	⟶	世帯（家族）・職場・学校など
生活選択論（的生活構造論）	⟶	定住選択・定住経歴・定住意識など
生活問題論（的生活構造論）	⟶	生活問題・社会福祉・社会計画など
↑		↑
研究視点		個別研究課題

（出典）山本（2017：60；1996：212）より。ただし，表記を若干，改訂した

にも有益である。

　本章では，過疎地域住民の地域意識を分析した後，人口還流に着目する。人口還流の分析では，定住経歴の実態を示し，還流理由を中心に分析を行う。分析には大分県中津江村の2つの調査（1996年調査，2016年調査）データを使用する[2]。

第 2 節　過疎農山村の地域意識

　本節では中津江村における地域意識に関するデータを示し，前回（1996年）調査と今回（2016年）調査の比較を行う[3]。まず，地域に対する愛着を尋ねた結果，1996年調査で「好きだ」と答えた者は74.9％で，2016年調査では82.4％であった。前回より7.5％上がっている（表2-1）。つまり，中津江村における地域への愛着が20年前に比べるといくらか増加したことが考えられる（少なくとも，減少していない）。

　それに対して，地域の将来展望については表2-2のようである。すなわち「この地域はこれから生活の場として良くなると思う」と回答した者は，前回の調査でも18.7％とかなり少ない。それが今回調査では4.2％と非常に少なくなっている。さらには，1996年調査では「（良くなるとは）あまり思わない」が54.7％で最も多かったが，2016年調査ではより否定的な「（良くなるとは）思わない」が52.4％で最も多くなっている。つまり中津江村の将来展望は前回（1996年）調査よりかなり暗くなっている。

表2-1　今住んでいる地域が好きか？

	1996年		2016年	
	人　数	割合（%）	人　数	割合（%）
そう思う	162	35.6	58	39.5
まあそう思う	179	39.3	63	42.9
あまりそう思わない	83	18.2	20	13.6
そう思わない	31	6.8	6	4.1

　しかし，将来展望の暗さにもかかわらず（表2-2），地域に対する愛着は変わらず強い（表2-1）。そこで，将来の生活はどうなるかわからないなか，この地域に住み続けたいのかどうかが問題になる。これを明らかにするために，定住意識を聞いてみた。その結果，1996年調査でも2016年調査でも「住み続けたい」と答える者は82%程度になる（表2-3）。つまり，大多数の住民は変わらず中津江村に住み続けたいのである。

表2-2　この地域はこれから生活の場としてだんだん良くなるか？

	1996年		2016年	
	人　数	割合（%）	人　数	割合（%）
そう思う	12	2.8	2	1.4
まあそう思う	68	15.9	4	2.8
あまりそう思わない	234	54.7	63	43.4
そう思わない	114	26.6	76	52.4

表2-3　今後もこの地域（中津江村）に住み続けたいか？

	1996年		2016年	
	人　数	割合（%）	人　数	割合（%）
そう思う	256	53.0	65	43.0
まあそう思う	142	29.4	59	39.1
あまりそう思わない	52	10.8	23	15.2
そう思わない	33	6.8	4	2.6

　ところが，子どもや孫に関する定住意識では様子がかなり異なる。1996年

調査では「子や孫にも住み続けてほしい」と回答した者は約半分（51.5%）にとどまった。さらにこれが，2016年調査になると1996年調査より21.7%減少し，29.8%まで落ち込んでいる（表2-4）。また，「子や孫が出ていくのももっともだ」と答えた者は1996年も80.1%と多かったが，2016年調査では7%増えて87.1%となった（表2-5）。

この分析から明らかなように，中津江村に住んでいる人々は地域が好きで自分自身がそこで住み続けたいと思う人は多い。しかし，子どもや孫が地域から出ていくのはもっともで，子や孫に中津江村にずっと住み続けてほしいと願うことが難しくなっている。

表 2-4　子どもや孫にも住み続けてほしいか？

	1996 年		2016 年	
	人　数	割合（%）	人　数	割合（%）
そう思う	104	23.9	15	10.4
まあそう思う	120	27.6	28	19.4
あまりそう思わない	129	29.7	64	44.4
そう思わない	82	18.9	37	25.7

表 2-5　子どもや孫が出ていくのももっともだ

	1996 年		2016 年	
	人　数	割合（%）	人　数	割合（%）
そう思う	148	33.8	65	43.9
まあそう思う	203	46.3	64	43.2
あまりそう思わない	55	12.6	8	5.4
そう思わない	32	7.3	11	7.4

第3節　中津江村における人口還流（Uターン）
——転出年齢，帰村年齢

次に，人口還流についてのデータを分析する。表2-6に示したように，Uターン（還流）してきた者は1996年調査，2016年調査とも変化なく，約21%

である。決して少なくない数字だと考える。それ以外の定住経歴もほぼ変化は
ない。すなわち，1996 年調査で示された，過疎農山村（中津江村）の流動社会
論的性質は変わっていない（山本 2017：69）。

表 2-6　定住経歴

	1996 年		2016 年	
	人　数	割合（%）	人　数	割合（%）
生まれずっとこの地域	180	41.6	64	42.7
よそ生まれ幼少時転入	17	3.9	7	4.7
よそ生まれ家族や仕事で転入	24	5.5	10	6.7
よそ生まれ結婚で転入	115	26.6	34	22.7
U ターンしてきた*	92	21.2	32	21.3
その他	5	1.2	3	2.0

＊U ターンとは，「学校や就職で 2 年以上よそに出たが戻ってきた」ことを指す。

　では，U ターンしてきた住民は，いつ村を出て，いつ村に帰ってきたのか。
まず転出した年齢のデータをみる（表 2-7）。転出年齢は 15 歳から 23 歳までで
ほぼすべて（9 割程度）である。そのなかで，1996 年調査で最も多い転出年齢
は「15〜16 歳」（54.7%）で，ついで「17〜19 歳」（29.1%）である。これに対
して，2016 年調査では「15〜16 歳」（37.5%）と「17〜19 歳」（40.7%）がほぼ
同じで最も多い。つまり，1996 年調査では中学校卒業の時に転出することが
最も多かった。これに対して，2016 年調査では中学校卒業と高校卒業時の転
出がほぼ同じ割合になっている。
　次に，帰村した年齢のデータをみると，帰村年齢は 19 歳から 35 歳までで
ほぼすべて（8 割程度）である（表 2-8）。特に 19 歳から 20 代前半で帰村した
者が多い。それより高い年齢になると，1996 年調査でも 2016 年調査でも徐々
に割合が小さくなる。
　しかし，ここで注目すべきは，2016 年調査において 36 歳以上で帰村した割
合が 21.9% と，1996 年調査（8.5%）より多い点である。さらには，25 歳から
35 歳で帰村した割合も 2016 年調査でやや大きい。この結果を合計すると 20

代後半（25歳）以降に帰村した者の割合は 1996 年で 32.9％，2016 年で 56.3％
となる。つまり，1996 年調査では比較的若い年齢層（20 代前半以下）が帰村の
中心（67.1％）であったが，2016 年調査では比較的高い年齢層（20 代後半以降）
が帰村の中心（56.3％）になっている。ここから，帰村年齢に多少の「遅れ」
が生じていると判断できる。

表 2-7　転出の年齢

	1996 年		2016 年	
	人　数	割合（％）	人　数	割合（％）
14 歳以下	1	1.2	1	3.1
15〜16 歳	47	54.7	12	37.5
17〜19 歳	25	29.1	13	40.7
20〜23 歳	10	11.6	3	9.3
24 歳以上	3	3.6	3	9.3

表 2-8　帰村の年齢

	1996 年		2016 年	
	人　数	割合（％）	人　数	割合（％）
18 歳以下	5	6.1	0	0.0
19〜21 歳	20	24.4	7	21.9
22〜24 歳	30	36.6	7	21.9
25〜29 歳	11	13.4	6	18.8
30〜35 歳	9	11.0	5	15.6
36 歳以上	7	8.5	7	21.9

第4節　中津江村における人口還流（U ターン）
——村を出て最も長く過ごした地域

　前節に示したデータから転出年齢や帰村年齢がわかったが，人口還流してき
た者は転出していた時どこで過ごしていたのだろうか。それをみるために表
2-9 を見よう。1996 年調査で人口還流してきた者が「村を出てから最も長く
過ごした地域」として答えたのは，大分県（32.9％）と福岡県（32.9％）が最も

多く，ついで3大都市圏（22.8％）であった。つまり，中津江村から近い地域
（＝大分県，福岡県）が一番多く（65.8％），ついで多い地域は3大都市圏だとい
うことになる。ただし，大分県，福岡県に九州内6.3％を加えると，72.1％が
九州を出ていない。

　これに対し，2016年調査をみると多少の違いがある。まず，大分県（29.0％），
3大都市圏（25.8％）が多いのは同じだが，福岡県は減っている（1996年，32.9
％→2016年，16.1％）。しかし，九州内は9.7％であり，大分県，福岡県とあわ
せて54.8％が九州を出ていない。つまり，大枠は九州内で過ごすことには変わ
りがない。

　また，2016年調査では「その他の地域」が大きく伸びている（1996年，5.1
％→2016年，19.4％）。ここで「その他の地域」とは具体的には，他県県都（広
島市，高知市），遠くの中小都市（岡山県倉敷市，福島県郡山市，岡山県内某地域）
や海外（台湾）である。ここから，1996年調査から2016年調査にかけて「最
も長く過ごした地域」がやや広域化したと判断できる。言い換えれば，やや遠
くから人口還流（Uターン）してくる者が増えたのである。なお，「最も長く
過ごした地域」の広域化は，先（3節）に指摘した帰村年齢の「遅れ」と因果
関係（「広域化」→「遅れ」）があるかもしれない。この連関の検証は今後の課
題としたい。

表2-9　村を出てから最も長く過ごした地域

	1996年		2016年	
	人　数	割合（％）	人　数	割合（％）
大分県内	26	32.9	9	29.0
福岡県内	26	32.9	5	16.1
東京・大阪・名古屋（3大都市圏*）	18	22.8	8	25.8
九州内（大分・福岡除く）	5	6.3	3	9.7
その他の地域	4	5.1	6	19.4

＊ここには，兵庫県西宮市，神戸市，千葉県市川市などの3大都市に近接する地域も含む。

第5節　人口還流（Uターン）の動機

　本節では人口還流の動機に関するデータを見よう。表2-10に示しているの
は還流の理由である。1996年調査，2016年調査ともに最も多い答えは「親の
ことが気にかかる」（1996年，53.3％／2016年，59.4％）であり，その次は「土
地や家を守るため」（1996年，22.8％／2016年，37.5％），「地域から通える職場
がある」（1996年，27.2％／2016年，28.1％）である。先行研究によれば，還流
理由は以下のように「内からの要因」と「外からの要因」の2つに分けること
ができる（山本 2017：79）。すなわち，

（1）「内からの要因」……地域選択的・内部規定的要因であり，Uターン
　　　　者自身の主体的選択による要因
（2）「外からの要因」……構造規定的・外部拘束的要因であり，「家」規範
　　　　やその他の外部的諸事情に規定された要因

がそれである。

表 2-10　還流（村に帰ってきた）理由（複数回答）

	1996 年		2016 年	
	人　数	割合（％）	人　数	割合（％）
親のことが気にかかる[+]	49	53.3	19	59.4
土地や家を守るため[+]	21	22.8	12	37.5
ふるさとの方が生きがいが感じられる[*]	7	7.6	5	15.6
都会の生活が自分には合わない[*]	11	12.0	6	18.8
昔からの友達・知人がいる[*]	13	14.1	4	12.5
地域から通える職場がある[*]	25	27.2	9	28.1
親族が多く生活が安定する[*]	8	8.7	3	9.4
仕事上の失敗や病気[+]	8	8.7	1	3.1
定年[*]	2	2.2	0	0.0
その他	24	26.1	6	18.8
合　計	92	182.7	32	203.2

　これに表2-10のそれぞれの項目を割り振ると，「内からの要因」（表2-10の

＊を付した項目）は，「ふるさとの方が生きがいが感じられる」「都会の生活が
自分には合わない」「昔からの友達・知人がいる」「地域から通える職場がある」
「親族が多く生活が安定する」「定年」となる。「外からの要因」（表 2-10 の＋を
付した項目）は，「親のことが気にかかる」「土地や家を守るため」「仕事上の失
敗や病気」となる。これをそれぞれ合計すると，1996 年調査では，

　（1）　「内からの要因」（地域選択的・内部規定的要因）：71.8％
　（2）　「外からの要因」（構造規定的・外部拘束的要因）：84.8％

であった。これに対して，2016 年調査では

　（1）　「内からの要因」（地域選択的・内部規定的要因）：84.4％
　（2）　「外からの要因」（構造規定的・外部拘束的要因）：100.0％

となり，1996 年調査とほぼ同じ結果である（表 2-10）。すなわち，「外からの
要因」（構造規定的・外部拘束的要因）の方がやや大きいが，「内からの要因」（地
域選択的・内部規定的要因）も決して小さくはない。

第6節　人口還流（Uターン）の最大の動機

　最後に，人口還流の最大の理由を見ておきたい（表 2-11）。1996 年調査で最
も多いのは「親のことが気にかかる」で 40.0％，ついで「土地や家を守るため」，
「地域から通える職場がある」がそれぞれ 12.5％となっている。それに対して，
2016 年調査で一番多い答えは 1996 年と同じく「親のことが気にかかる」で
45.2％となっている。第2位は「ふるさとの方が生きがいが感じられる」「都
会の生活が自分には合わない」でともに 9.7％となっている。

　これを同じく，「内からの要因」（地域選択的・内部規定的要因，表 2-11 の＊を
付した項目），「外からの要因」（構造規定的・外部拘束的要因，表 2-11 の＋を付し
た項目）に分けて比較すると，1996 年調査では，「外からの要因」が 58.8％，「内
からの要因」が 24.0％，2016 年調査では，「外からの要因」が 51.7％，「内
からの要因」が 29.1％となる。つまり，どちらの調査でも「外からの要因」が「内
からの要因」より重いわけで，1996 年調査と 2016 年調査の結果はほぼ同じで

ある。

　ただし，「外からの要因」の中心は「親のことが気にかかる」という規範的
でもあるが，心情的でもある動機である。この規範的かつ心情的な動機には，
「家族とは，夫婦・親子・きょうだいなどの少数の近親者を主要な成員とし，
成員相互の深い感情的かかわりあいで結ばれた，幸福（well-being）追求の集
団である」という森岡の家族の本質規定がかかわるように思われる。家族員は
幸福を追求しながら，深い「感情的かかわりあい（emotional involvement）で
結ばれている」ので相互に無関心でいることができないのである（森岡・望月
2007：4-5）。だから「親のことが気にかかる」のではないか。これに対して，「土
地や家を守るため」という「家」継承の動機は相対的には小さい。ただし，こ
れについては，後掲の付論1を参照してほしい。「家」継承の動機は男性のみ
に限ると，やはり重要な動機なのである（表2-12）。とはいえ，かつてほどの
強制力はなくなっている[4]。

表2-11　還流（村に帰ってきた）の最大の理由（1つ選択）

	1996年		2016年	
	人　数	割合（%）	人　数	割合（%）
親のことが気にかかる[+]	32	40.0	14	45.2
土地や家を守るため[+]	10	12.5	2	6.5
ふるさとの方が生きがいが感じられる[*]	1	1.3	3	9.7
都会の生活が自分には合わない[*]	5	6.3	3	9.7
昔からの友達・知人がいる[*]	1	1.3	0	0.0
地域から通える職場がある[*]	10	12.5	2	6.5
親族が多く生活が安定する[*]	1	1.3	1	3.2
仕事上の失敗や病気[+]	5	6.3	0	0.0
定年[*]	1	1.3	0	0.0
その他	14	17.5	6	19.4

　この問題は，人口移動（還流）の「家族的理由」の研究に含まれるが，研究
は不充分である（清水 1984）。人口移動（還流）の「家族的理由」は社会学的
還流論の中核的な研究課題になるはずの重要な課題である[5]。この点からも前

節，本節の調査結果は意義あるものと考える。

第7節　中津江村における人口還流と地域意識
——肯定的要素の存在

　本章では1996年，2016年の中津江村調査の結果を使い，3つの視点をとおして過疎地域における地域意識と人口還流を分析した。

　第一に地域意識と定住意識に関するデータを見た。住民の地域に対する愛着や定住意識は強い。しかし，地域の将来展望の不安が拡大し，次世代の転出を「もっともだ」と感じる者が多いことがわかった。

　第二に定住経歴に関するデータを見た。ここで明らかになったのは，過疎地域（中津江村）に還流や転入してくる人もそれなりにいるということである。また，還流してきた人が「村を出てから最も長く過ごした地域」はあまり遠くではなく，大分県，福岡県，九州内で5〜7割を占めた。この点では，1996年と2016年調査では大きな変化は見られなかった。ただし，2016年調査では「最も長く過ごした地域」がやや広い地域にわたっていた。これと関連する可能性もあるが，帰村年齢が2016年調査では1996年調査に較べ「遅く」なっていた。

　第三に人口還流の動機を分析した。還流理由を「内からの要因」と「外からの要因」に分割したところ，「外からの要因」の割合がやや多かった。「外からの要因」の中で最も大きいのは，「親のことが気にかかる」という動機である。この規範的でもあり，心情的でもある動機には家族の本質規定が関与する可能性がある。人口還流の家族的理由の研究は今後さらに追求されるべき重要な問題である。

　過疎農山村の現状は暗いと論じている先行研究が少なからずある[6]。しかし，実際にそこで暮らしている人々の地域意識は否定的なものばかりではない。

　したがって，「農山村はダメ論」の大合唱（徳野 2015：6）と指摘される社会分析のみでは，まずいだろう。地域環境の悪化のみに集中する過疎農山村研究ではなく，過疎農山村の現実を多面的な視点からみる調査研究が必要である。

付論 1：人口 U ターンの動機にみる性別の違い
——広島県北広島町調査からの補遺 [7]

　本章では U ターンの動機について分析したが，本付論ではこの問題をもう少し追加して考えてみたい。人口 U ターンは女性よりも男性に多いことが知られている。とはいえ，女性の U ターンもそれなりにある（山本 2017：72-73；116-119）。そうであれば，当然ながら人口 U ターンの動機も男女別にみておくべきである（表2-12）。

　そこで，人口 U ターンの「最大の」動機を性別にみると，男性では「先祖代々の土地や家を守るため」（27.6％）が最も多く，ついで「仕事」の動機（23.8％，「地元から通える職場がある」（12.4％）と「仕事を始める」（11.4％）の合計），「親のことが気にかかる」（19.0％），「暮らしやすさ，生きがい，生活安定」の動機（11.5％，表2-12 の 3 から 8 の回答の合計），「結婚・子育て」の動機（5.8％，「地元の人との結婚」2.9％と「子育てや結婚後の暮らしを考えて」2.9％の合計），その他（5.7％）となる。

　女性では「結婚・子育て」の動機（27.0％，「地元の人との結婚」21.6％と「子育てや結婚後の暮らしを考えて」5.4％の合計）が最も大きい。ついで，「その他」20.3％，「親のことが気にかかる」17.6％，「仕事」の動機（16.2％，「地元から通える職場がある」（13.5％）と「仕事を始める」（2.7％）の合計），「先祖代々の土地や家を守るため」（9.5％）「暮らしやすさ，生きがい，生活安定」の動機（8.3％，表2-12 の 3 から 8 の回答の合計）」となる。

　つまり，男性 U ターンでは「家」継承の動機（「先祖代々の土地や家」（27.6％））が最大であり，女性 U ターンでは「結婚・子育て」の動機（27.0％）が最大である。「親のことが気にかかる」は男女ともに 20％（それぞれ，19.0％，17.6％）ほどの動機であり，これも大きい。「家族的理由」はさらに，男性の「結婚・子育て」の動機（5.8％），女性の「家」継承の動機（「先祖代々の土地や家」（9.5％））も加わるから，男女で内実に違いはあるが，男性で 52.4％，女性で 54.1％を占める。つまり，「家族的理由」は人口 U ターンの最も大きい動機

表 2-12　北広島町への人口 U・J ターンの最大の動機（性別）

	男（%）	女（%）	合計（%）（人）
1．親のことが気にかかるから	19.0	17.6	18.4 (33)
2．先祖代々の土地や家を守るため	27.6	9.5	20.1 (36)
3．故郷の方が生きがいを感じられるため	2.9	1.4	2.2 (4)
4．農山村の方が生きがいを感じられるため	1.9	—	1.1 (2)
5．都会の生活が合わないため	1.9	1.4	1.7 (3)
6．自然に親しんだ暮らしをしたかったため	3.8	4.1	3.9 (7)
7．昔からの友人，知人がいるため	—	1.4	0.6 (1)
8．親戚が多くて生活が安定するため	1.0	—	0.6 (1)
9．子育てや結婚後の暮らしを考えると地元の方が暮らしやすい	2.9	5.4	3.9 (7)
10．地元の人と結婚した（したい）ため	2.9	21.6	10.6 (19)
11．地元から通える職場があるため	12.4	13.5	12.5 (23)
12．新たに仕事を始めるため，自営するため	11.4	2.7	7.8 (14)
13．仕事の不調のため	1.9	—	1.1 (2)
14．病気などの健康上の理由から	2.9	1.4	2.2 (4)
15．定年を迎えるため	1.9	—	1.1 (2)
16．その他	5.7	20.3	11.7 (21)
合　計	105 人	74 人	100.0%（179 人）

（注 1）山本（2017：103）に示すように，北広島長では J ターンは非常少ない（0.7%）ので，表 1-1 のデータのほとんどすべては U ターンの動機を示すものと考えてよい。
（注 2）合計には「不明（DK，NA）」を含まず。□は比較的大きな%。
（出典）山本（2017：89-135）所収の広島県北広島町調査（2006 年 8 月，郵送法）より

といえる。
　さらには，「仕事」の動機（「地元から通える職場がある」「仕事を始める」）は，男性（23.8%）にやや大きい動機となっている（女性は 16.2%）。女性の場合は，「その他」（20.3%）が大きい。ここには様々な動機が含まれるのだろうが，この部分の探求は今後の興味深い課題となる。また，「暮らしやすさ，生きがい，生活安定」の動機（表 2-1 の 3 から 8 の合計）は男女とも 10%程度で共通の動機である。
　以上から，男性では，「家族的理由（52.4%）」→「仕事（23.8%）」→「暮らしやすさ，生きがい，生活安定（11.5%）」→「その他」（5.7%）となり，女性では，

38

「家族的理由（54.1％）」→「その他（20.3％）」→「仕事（16.2％）」→「暮らしやすさ，生きがい，生活安定（8.3％）」となる。

　ただし，「家族的理由」の内実は男女で違いがある。大枠では，男性は「家」継承と「親のことが気にかかる」，女性は「結婚・子育て」と「親のことが気にかかる」ということになる。

付論2：人口Uターンの動機にみる年齢別の違い
——広島県北広島町調査からの補遺

　次に表2-13の□で囲ったところから，年齢別の動機を見ておこう。これをみると，50歳代，60歳代で「親のことが気にかかる」「先祖代々の土地や家を守るため」「地元の人との結婚」が多い。ここに見られるのは，「家的，家族」的動機である。

　これに対して，20歳代，30歳代，40歳代で「地元から通える職場がある」「仕事を始める」「その他」が多くなっている。ここに見られるのは，「仕事」の動機であり，「その他」の多様な動機によるUターンである。

　つまり，Uターンは，年配層（50〜60歳代）の「家的，家族」的動機から，若い層（20〜40歳代）の「仕事」および「その他」の動機に変化している。さらには，30歳代に「子育てや結婚後の暮らしを考えて」がやや多い。これは，この年齢層の子育て期の段階を反映したものだろう。

　以上のUターンの年齢別の違いを考えるにあたり，Uターンが選択的になされているという内山（1993：19）の指摘は参考になる。年配層（50〜60歳代）の「家的，家族」的動機によるUターンから，若い層（20〜40歳代）の「仕事」「その他」の動機によるUターンへの変容は，Uターンの動機における選択性の強まり（逆にいえば，義務性・規範性の弱まり）を反映するものと思われるからである。つまり，若い層ほど，自らの意思で農村に帰ってきているように思える。このように，「選択」は今後の人口Uターンを考える上で重要である。

　ただし，若い層（20〜40歳代）に「家的，家族」的動機がないわけではない。

表 2-13　北広島町への人口 U・J ターンの最大の動機

（年齢別：%）

動　機	20歳代	30歳代	40歳代	50歳代	60歳代
1．親のことが気にかかるから	6.7	13.6	8.8	28.3	27.8
2．先祖代々の土地や家を守るため	6.7	13.6	17.6	19.6	25.0
3．故郷の方が生きがいを感じられるため	—	—	2.9	2.2	5.6
4．農山村の方が生きがいを感じられるため	6.7	—	—	2.2	—
5．都会の生活が合わないため	—	—	2.9	4.3	—
6．自然に親しんだ暮らしをしたかったため	—	—	2.9	4.3	5.6
7．昔からの友人，知人がいるため	—	—	—	—	—
8．親戚が多くて生活が安定するため	6.7	—	—	—	—
9．子育てや結婚後の暮らしを考えると地元の方が暮らしやすい	6.7	9.1	2.9	—	5.6
10．地元の人と結婚した（したい）ため	—	4.5	5.9	15.2	13.9
11．地元から通える職場があるため	26.7	18.2	26.5	4.3	5.6
12．新たに仕事を始めるため，自営するため	13.3	13.6	5.9	6.5	2.8
13．仕事の不調のため	6.7	—	—	2.2	—
14．病気などの健康上の理由から	6.7	4.5	2.9	2.2	—
15．定年を迎えるため	—	—	—	—	2.8
16．その他	13.3	22.7	20.6	8.7	5.6
合　計	100.0	100.0	100.0	100.0	100.0

（注）表 2-13 には 70 歳以上のデータは載せていない。人口 U・J ターンの割合は 70 歳以上では激減するからである（山本　2017：102）。

（出典）表 2-12 と同じ。年齢は調査実施時点（2006 年 8 月）のもの

年配層（50〜60 歳代）に比べて，その比重が幾分，小さくなっているというまでである。特に 30 歳代，40 歳代では，「家的，家族」的動機（「親の事が気にかかる」「先祖代々の土地や家をまもるため」「地元の人との結婚」）の比重は結構重い（表 2-13 の下線の数字の合計，参照）。20 歳代では「家的，家族」的動機は小さいが，この年齢層では，親の年齢も「若く」，家継承のリアリティも感じられず，さらに，未婚の者も多いためと思われる。つまり，比較的若い層（20〜40 歳代）でも，人口還流の「家族的理由」の研究は重要である。

【注】

1）正常／異常人口（生活）は鈴木栄太郎の周知の概念だが，大橋薫の生活機能障害（living malfunction）はややなじみのない概念かもしれない。これについては，大橋の著作は非常に多いが，同概念の簡便な説明は大橋・米川（1990）などがある。ただし，生活機能障害の概念はややあいまいである（星野 1999：6；山本 1996a）。

2）調査の概要は第1章表1-3参照。また，中津江村の概況についても1章を参照されたい。

3）前回（1996年）調査は18歳以上，今回（2016年）調査は20歳以上が調査対象でサンプルに少しのズレがある。ただし，前回調査の18，19歳の割合は有効回収数の0.8％（4人）とごく少数である。したがって，ここでの比較は大枠，問題なしと判断する。本章で示した前回調査の結果は，山本（1998：2-28, 29-50），山本（2017：2-21, 60-88）にある。

4）かつての家継承規範の強さはたとえば，伊藤左千夫の『野菊の墓』などを見ればよいだろう。このような強い家規範はもはやないだろう。さらには，川本（1973）などからも，かつての家規範の強さを了解することができる。くわえて，家継承規範の弱まりは，家継承者の確保を尋ねる，「日本人の国民性」調査（統計数理研究所）の結果からも明らかである。質問文は「子どもがないときにはたとえ血のつながりのない他人の子どもでも養子にもらって家を継がせた方がいいと思いますか。それとも継がせる必要はないと思いますか」というものである。1953年に73％あった「継がせた方がよい」はほぼ一貫して減少して，1988年で28％，2013年で20％になっている（山本・ミセルカ 2019：116）。また，「継がせた方がよい」と「継がせないでもよい」の逆転は1960年代後半に起こっている（松成 1991）。

5）社会学的還流論とは谷（1989：21）が「経済合理的行為の観点からは解釈しようのない代物」である「沖縄的Uターン」を研究した際に提起した研究構想である。山本（2017：61-62）はこれを少し拡大解釈して過疎農山村への人口還流研究でも用いている。

6）大野晃の限界集落論，林直樹の撤退の農村計画，増田寛也の地方消滅論といった研究がそれである。これらについての見解は，山本（2017：169-245）も参照願いたい。

7）ここで取り上げるのは広島県北広島町の2006年調査の結果である。北広島町は調査直近の2005年国勢調査で人口減少率−4.9％で全国の過疎地域の人口減少率−5.6％とほぼ等しい。あるいは，わずかに人口減少率が小さめの地域である。これは県庁所在地広島市へのアクセスが比較的よい地区を含むためかもしれない（町役場のある千代田地区には高速バスの便がある）。

【参考文献】

星野周弘（1999）『社会病理学概論』学文社

伊藤左千夫（1971）「野菊の墓」『日本文学全集　別巻 1 現代名作集』河出書房：
　5-37

川本彰（1973）『近代文学における「家」の構造——その社会学的考察』社会思想社

松成恵（1991）「戦後日本の家族意識の変化——全国規模の世論調査報告を資料と
　して」『家族社会学研究』3：85-97

森岡清美・望月嵩（2007）『新しい家族社会学（四訂版）』培風館

大橋薫・米川茂信（1990）「方法としての社会病理学」『社会病理学入門』有斐閣：
　1-26

清水浩昭（1984）「人口移動における『家族的理由』研究序説」『人口問題研究』
　169 号：17-30

谷富夫（1989）『過剰都市化社会の移動世代——沖縄生活史研究』溪水社

徳野貞雄（2015）「人口減少時代の地域社会モデルの構築を目指して——『地方創
　生』への疑念」同監修『暮らしの視点からの地方再生』九州大学出版会：1-36

内山節（1993）「山村でいま何が起きているか」『日本農業年報』40 号：14-31

山本努（1996）『現代過疎問題の研究』恒星社厚生閣

———（1996a）「社会病理学への不満と提言」『社会分析』24：93-109

———（1998）「過疎農山村研究の新しい課題と生活構造分析」山本努・徳野貞
　雄・加来和典・高野和良『現代農山村の社会分析』学文社：2-28

———（1998）「過疎農山村における人口還流と生活選択論の課題」山本努・徳野
　貞雄・加来和典・高野和良『現代農山村の社会分析』学文社：29-50

———（2017）『人口還流（U ターン）と過疎農山村の社会学（増補版）』学文社

山本努・ミセルカ アントニア（2019）「過疎農山村生活選択論への接近——大分
　県中津江村の人口還流と地域意識の調査からの例解」山本努編『地域社会学入
　門——現代的課題との関わりで』学文社：89-118

謝辞：本研究は JSPS 科研費 25380740, 16H03695（研究代表者：高野和良九州大
　学教授），JSPS 科研費 15K03853（研究代表者：山本努）による。

第3章
家族と世帯は違う！
──基礎集団の変容を問う──

第1節　基礎集団の変容と「世帯」

　私は，戦後の 1949（昭和 24）年生まれの農村社会学者である。多分，世の中が最も大きく変容した時代を，社会学者として生きてきた。団塊の世代として生まれ，高度経済成長期に青春期から大人になり，平成期の終わりで高齢者になった。この間，時代は農業をベースとする農村社会から，産業化社会のなかで大きく変容した。わかりやすくいえば，日本の社会は「百姓の世界からサラリーマンの世界」になったのである。経済的には豊かになったが，社会的基盤と社会関係の紐帯が弱体化した。

　また，高学歴化の中で学生・反戦運動を経験し，怒濤の技術革新の中でテレビや車が普及し，飽食と享楽に溺れながら「　」付きの豊かな生活を送ってきた。一方で，携帯やパソコンをベースとした情報社会の中に突入し，人生 80年時代に入り，60 歳代では死ねない社会に突入した。そして，先行きが不透明な人生を経験している。これだけ，個人的な暮らしや社会全般の大きな変化を経験した世代は，数少ないであろう。この暮らしや社会全般の変化を，経済的・政治的変化，また科学技術や交通・通信の変化，および価値観や文化変動等については，多くの人が様々な立場から種々の研究や著書を発表している。

　ここでは屋上屋を架すことはせず，これらの変化の基盤・基礎を成す「家族と地域社会の変容」について，地味ではあるがこの 100 年の変化を軸に検討していきたい。対象は，戦後急速に膨張した都市的世界の人々や地域ではなく，社会変動の波を継続的に被ってきた農山村社会の人々と地域（集落）に，主に焦点を当てていきたい。この課題は，私が研究者として，一貫して追いかけて

きたテーマでもある。

　「家族と地域社会の変容」は，一見すると緩やかに変容しているように見えるが，100 年前の 1920 年（大正 9 年・第 1 回国勢調査が実施）の家族や地域社会と，2018 年の家族と地域社会を比較して見ると，すさまじい変動が起こっていることがわかる。具体的に言えば，1920 年の地域社会では，その生活基礎集団の特徴は，①農業をベースに農村地帯に日本人の 8 割が住み，②一軒の世帯に（祖父母＋父母＋子どもたち）という家族集団が主に形成されていた。一方，2015 年には非農業的な雇用労働（サラリーマン）を軸に，農村も都市も世帯が極小化し，〈祖父母〉と〈夫・妻〉と〈子どもたち〉がバラバラに暮らしている。この 100 年で，生活基礎集団の空間的配置と集団の形態が激変している。

　この変動は，家族と全体社会の相互作用的な関係であり，家族が変わったから全体社会が変化するのか，全体社会が変化したから家族が変わってきたのかは，相互的社会現象であり，社会学の最もダイナミックな現象である。ともかく家族と地域社会（集落）の変化は，個人の生活および全体社会のあり方に対して，最も基礎・基盤的な変動と，具体的・現実的な変化を与えていることは明白である。

　しかし，この家族の変容は意外とわかりにくく，簡単に整理することは未だ成功していないように思える。すなわち，「世帯」「家族」「イエ」の違いについては漠然と認識してきたが，明確に整理できていない。本章では，この「世帯」「家族」「イエ」という類似概念の中から，分析概念としての「世帯」に注目し，家族の変容と地域社会の変化について「世帯」に焦点を当てて，農山村の家族や集落の分析を行っていきたい。この「世帯」の 100 年間の変化とその整理を行うことが，現代の農山村の家族解体や過疎問題に対する現実対応を行うことと，同時に現代農山村の展望を切り開くことができると考えている。

　かかる意味で，本章の目的は，2019 年の平成期最後の年の「世帯を軸とした家族と集落の再考」である。

第2節　基本概念の再検討

■2-1　家族概念の総合性と曖昧さ

　根本的問題を提起したい。「家族」と「地域」は最もよく社会学上で用いられるターム（専門用語）であり，同時に研究対象でもある。具体的な家族研究やコミュニティ・地域研究としても，頻繁に「家族」や「地域」の言葉が使われる。しかし，「家族」と「地域」ほど曖昧な概念はない。すなわち，近年私はこの「家族」と「地域」という概念に大きな疑問を持っている。漠然と，「家族」や「地域」をわかったつもりで処理してきたが，具体的・現実的にどの範囲やどの集団を指すのか，不安定なまま使用してきたような気がする。

　たとえば，「地域」であるが，小字集落なのか，大字の部落なのか，校区なのか，自治体なのか，広域生活圏なのかといった範囲・範域が不明なまま便利に使ってきた。また，「地域」と「コミュニティ」の概念や集団性は，どう違うのか。ほとんどその違いを明確に理解せず，漠然と使用してきた研究者は多い。「地域」という歴史的な実体概念と，「コミュニティ」という行政上の政策理念概念であり操作分析概念とは，似て非なるものである。「コミュニティ」は範域も不明だし，メンバーシップも不定である。

　同様に「家族」という言葉も，最も社会学上重要なターム（専門用語）であり，社会の根源的な基礎集団であることは，多くの研究者が共有している。しかし，改めて「家族」の概念やメンバーの範囲を具体的に摘出することは，非常に難しい。その意味で「家族」は，単位としての実体的な把握や数量化等の，実証科学的な分析概念としては不適当だと考えている。

　現代日本の社会学上，最も著名な家族の定義は，下記の森岡清美の家族定義である。

家族とは「夫婦関係を基礎として，親子・きょうだいなど近親者を主要な構成員とする，感情融合に支えられた，第1次的な福祉追求の集団である。」（森岡清美編 1967）

　この定義は，師の戸田貞三の夫婦家族の系譜をベースとする家族の構造と機能および，目的をも明示した立派な定義である。しかし，この定義では具体的に家族のメンバーが確定できるとは言えないのである。家族の持つ包括的総合概念としては，この森岡清美の定義は，非常に優れた定義である。しかし，実証的分析を行う際には，いささか戸惑いが生じる。

　家族の包括的総合概念は，家族に対するアプローチから理解することができる。アプローチとしては，①家族の集団論的なアプローチ，②家族の関係論的アプローチ，③家族の制度的アプローチ，④家族の価値・規範的アプローチが主要なアプローチの手法であろう。家族は現実の生活の中でも具体的な実体を持つ基礎的集団であり，感情融合をベースとする非常に重要な関係性の集合体でもある。また，法制度や生活慣行等，我々の日常生活の行動規範としても重要である。さらに，我々の生活に強い価値観や行動規範を課している。家族は，集団・関係・制度・価値観（観念）が相互に入り混じる，比類なき社会的事実である。家族を包括的総合概念と呼んだのは，以上の理由である。しかし，この家族を，研究・分析上の単位として捉えることは，至難の業である。

■2-2　家族と世帯

　重要なので再度わかりやすく説明する。家族は，我々人間にとって社会生活上の最小単位であり，最も基本的な社会集団である。様々な役割や機能を果たしており，人間にとって不可欠な集団であり，人々にとって最も重要な集団でもある。しかし，その一方，家族のメンバーや範囲は非常に不安定・流動的であり，家族が重要なことはわかっているが，その範囲・メンバーや定義などは意外と曖昧なままである。どうも家族は，「包括的総合概念」（集団論的・関係論的・制度論的・観念論的概念）ではあるが，具体的に対象を限定する分析概念ではなさそうである。特に，現代のように非常に変動の激しい社会の中で，家族のメンバーを固定的に捉えることは非常に難しい。それゆえ，実証的な社会分析の基礎単位として，家族を措定することには留意したい。

　具体的に，家族の範囲やメンバーについて考えてみよう。事例1—嫁に行っ

た娘やその孫は,「家族」かどうか非常に曖昧である。だけど,親子や孫であり,肉親であることは疑いがない。非常に強い関係で結ばれているにもかかわらず,「家族」であるかどうかは,人によって様々であった。事例2―逆に,嫁に来た女性（母親）に,離れて住んでいる実家の父親・母親は家族か否かを聞くと,「家族」が約35%,「家族でない」が約20%,「わからない,そんなこと考えたこともない」が約45%であった。親ですら,家族かどうかわからない。また,事例3―根源的な視点であるが,亡くなった肉親は家族かどうか。東日本大震災の行方不明者は住民基本台帳などの行政からは家族としては削除されるが,人々の心の中にいつまでも大切な人・大切な家族として存在している。このことを否定できるのか。さらに,事例4―単身赴任のお父さんは,同じ家に住んでいないから,行政上は他の世帯である。だけど妻も子どもも誰も「家族でない」などとは思っていない。以上,このように「家族」におけるメンバーは非常に複雑なものであり,その範囲は非常に曖昧である。

　すなわち,家族は非常に身近で具体的に認識できる対象ではあるが,改めて客観的に範域を固定したりメンバーを確定したりすることは非常に難しいのである。同時に,家族は直感的に理解しやすいが,定義などの理屈によって認識することが非常にしにくい対象なのである。だから,実際に多くの人が家族と思っている集団や関係および内容は,人によって少しずつズレたり異なったりしているのである。

　次に,家族集団の人数にこだわってみよう。「ご家族は何人ですか」という極めて簡単な問いに対し,①Aさんは「4人です。私と父母と弟です」と答えた。②Bさんは「6人です。私と父母と弟です。別に住んでいるおじいちゃん,おばあちゃんも家族です。だから6人です」と答えた。③Cさんは「私は6人だと思っているが,お母さんは8人かもしれない。私は父と母と弟の4人と,近くに別居している父方の祖父母の6人です。でも,お母さんは,隣の県に住んでいるお母さんのおじいちゃん,おばあちゃんも入っていると思います」と答える。このように,Aさん,Bさん,Cさんは3人とも,現在同居している人は（父母と弟と自分）の4人である。しかし,答えた家族の人数は異

なっているし，家族の範囲の認識も違ったりしている。家族の人数ですらこれほど多様で不確定な性格を持っている。

　だから，身内の人々ですら家族の人数が異なってくる。それゆえ，赤の他人である行政とかマスコミの人たちが「家族」の人数や内容を，正確に把握することはほぼ不可能である。「家族」は社会の現実的な基礎単位ではあるが，内容は非常に複雑で多様な性格を持っている。一般人のみならず，行政やマスコミや研究者も，正確に「家族」のことを把握している人はほぼいない。だが，多くの人たちが「家族」をわかったつもりで，「家族」をベースに地域や社会を議論している。最も典型的な『チコちゃんに叱られる！』現象であることを，肝に銘じてほしい。

　「家族」のメンバーや範囲を学術的・統計的に把握したのは，社会学者の戸田貞三である。戸田は，1920 年の第 1 回国勢調査の 1000 分の 1 抽出の集計結果から，戸籍上の「イエ」の構成員から分けて，「世帯」という概念で，同居する家族に近いものを把握したのである。具体的に言うと，同じ家に住んで共同生活を営んでいる人たちを「世帯」と呼び，家族に近い人々の集まりとした。この世帯で括られた人たちを，住民基本台帳上の一世帯の世帯員とした。すなわち，同じ家に住んでいる人たち（家族とは限らない）を一世帯員と考え，ほぼ家族だと類推するという曖昧さは残るが，非常に現実的・具体的な家族の把握方法を発見した。こうして，行政上，学問上，家族は再発見され，統計上で比較・分析できるようになったのである。

　すなわち，「世帯」とは，「同じ家屋に居住し，共同生活を営んでいる集団」と定義されている。だから，農家の奉公人や商店の丁稚なども，同じ家に住み食事も共にしているから，世帯の一員になる。すなわち，奉公人や丁稚は家族ではないが，家族に近いものとして，行政は世帯員の一人として把握した。

　1920 年の第 1 回国勢調査は，世帯別の人口数・性別・年齢・続柄や職業などの社会的基礎データを調査・整理し，日本の社会科学（経済・社会・教育・医療 etc.）全般にわたる画期的なデータを提出した。この基礎データにより，日本社会の社会構造および人々の生活構造の原型を抽出することができた。す

48

なわち，家族に近い「世帯」を把握することによって，大正末期から昭和初期の日本人の暮らしの原型と日本社会の実態をデータ的に把握することへの道を開いた。具体的には，1937年の戸田貞三の『家族構成』や，1940年の鈴木栄太郎の『日本農村社会学原理』に結実し，日本社会が小農をベースとした「家と村」によって構成されているとの社会原理を明らかにした。

ここで特に重要なことは，世帯の人数である。1920年から1960年ごろまでの，高度経済成長期を迎える以前の昭和前期の約40年間は，農家生活をベースとする「家と村」の中で総人口は増加するものの，世帯の世帯員数はほぼ安定していた。具体的に言えば，4人，5人，6人，7人の世帯を中心に，85%が4人以上の世帯であった。なかには，8人，9人，10人の大人数の世帯もあった。すなわち，「一世帯＝一家族」であり，具体的に【祖父母＋父母＋子ども4人】が同居するという家族イメージが，強烈に形成されてきた。しかし，当時の実際の世帯類型は，同居する直系親族家族（三・四世代世帯）は約38%（第1回国勢調査）に過ぎず，6割近くが二世代以下の核家族世帯（現在の国勢調査の世帯分類上）であった。ここで重要なことは，世帯の実態と家族のイメージが，ズレながらも混同されてきたことである。すなわち，【家族＝世帯ではない】という認識が成立しないまま，家族論や社会論が展開されてきたことは否めない。

しかし，ここで問題なのは，多くの人（一般人，行政，研究者etc.）が「世帯」（奉公人・丁稚を含む）を「家族」と混同して考えてきたことである。そして，「世帯＝家族」という観念を，強固に形成してしまった。現在（2019年）に，現代社会や地域社会および様々な社会現象を分析するのに，1920年から形成してきた「世帯＝家族」イメージをベースに，「家族＝世帯」と反転させた幻の家族像を現実的分析と称して，社会調査のフェイスシートをつくって分析している。

しかし，100年前の世帯構成は，現在では全く異なる状態を示している。2015年には，3人以下の超極小世帯が日本の全世帯数の79.9%に上り，世帯＝家族という実態はほとんど消失している。すなわち，現実の世帯（一人世帯

34.5％，二人世帯 27.9％，三人世帯 17.5％）から，家族を想定することはほとんどできない。しかし，「核家族化」や「家族解体」等の専門用語を駆使して，現代社会の家族の実態を説明したような錯覚に陥っている。このように，「世帯＝家族」という実態はほとんど消失しているにもかかわらず，観念としての「世帯＝家族」という分析単位が強固に残り，現実の社会分析や地域分析を著しく捻じ曲げている。以上，由々しき根源的問題が学問上発生している。

■2-3　「世帯」「家族」「イエ」の違いと移動

　現代社会の暮らしの根幹である「家族や集落」の変容を具体的に記述する前に，「世帯・家族・イエ」という概念の整理をしておきたい。

　1960 年代まで日本社会の原型であった農山村における，農家や集落の存立基盤を分析する場合，「世帯」「家族」「イエ」という概念を整理しておく必要がある。これらの概念は似通っており，時には重なり合って，住民たちだけでなく研究者の認識も曖昧であるが，ある程度意識的に整理しておく必要がある。しかし，本章においては，「世帯」と「家族」の相違に重点をおいて分析している。「イエ」という法人的な経済的生活共同体を加えて分析すると，説明が複雑になるため，今回は極力簡潔に述べている。なお，後日「イエ」も加えた整理・分析を行いたい。それゆえ，本章では「世帯」と「家族」と「イエ」の違いを移動という視点から簡潔に整理・説明することにした。

1）「世帯」とは，同じ住居に居住して，共同生活を営んでいる人々の集団（非血縁者も含む）であり，「家族」とは必ずしも同一ではない。「世帯」は行政上，住民基本台帳や国勢調査の最も重要な基礎単位として位置づけられている。なぜならば，家族の類似概念として用いられているからである。個人の「社会移動」（自然動態＋社会動態）に伴って世帯員数が変化したり，世帯数が分散したりしても，その実態を客観的に把握することができ，行政データとして活用できる。だから，日本の様々な統計資料の中でも，「世帯」は最も重要な概念・資料となっている。近年は，人口はやや減少しているが，世帯数は急激に増加し，一世帯あたりの世帯員数は 2.3 人と極小

化しており，人々の日常生活を営む「家族」集団のあり方が急激に変化している。また，地域社会も過疎・過密といった現象を，「世帯」の動向から分析することができる。

2 ）「家族」とは，身近な近親者からなる幸福を追求する第一次集団である。しかし，包括的総合概念であり，時間・空間を超えて機能する。また，家族共同体ともいわれる実体概念でもあるが，同時に価値概念でもあり，客観的な分析概念としては不適当である。

　　ただ，私が注目している社会現象は，過疎化等により世帯が極小化しても，「家族」は変容しながら機能する。すなわち，他出した子どもたちが空間を超えて，生活の相互扶助活動を行う共同体（家族共同体）でもある。だから，世帯が縮小しても，家族は空間を超えて機能し，形態的には変容するが，必ずしも解体するわけではない。変な事例だが，「オレオレ詐欺」が成立するのは，空間的に世帯がバラバラになった家族でも，家族関係や機能が生きているから，田舎の祖父母が都会の子や孫のために，金を振り込むのである。世帯がバラバラになっても，家族の機能は簡単には解体しない。

　　なお，「家族」は時間をも超えて機能する。亡くなっても親は親であり続け，重要な「家族」として機能する。この「家族」の時間を超える機能と関係性は，宗教活動にとって非常に重要な機能であるが，これ以上の考察はここでは行わない。

　　最後に，一般的に人々が漠然と「家族」集団と思っている集団メンバーの特徴を，4つの結合関係から整理しておきたい。この整理は，すべて原則としてであり，実態はかなりの例外を持つものとして考えてほしい。まず，①一組の成人男女の恒常的な性的関係を有する集団である。次に，②原則として，上記夫婦の性関係をベースとする，親と子の血縁関係を有する集団である（養子等もある）。①と②は生物学・生理学的結合といえる。さらに，③上記集団が居住を軸に共同生活を営んでいる，もしくは営んできた集団である。最後に，④集団のメンバーが「家族」であることを相互

認識している集団である。③と④が，家族の社会的な結合である。以上が，一般の人々が漠然と「家族」を集団と考えている結合要件である。ただ，すべての結合要件が充足していなくても「家族」であったりするため，「家族」を統計数字上確定することは非常に困難なのである。

　さらに，とても重要なことは，家族は一つではないのである。家族は「生まれてきた家族」（family of orientation）と「作りあげる家族」（family of procreation）の２つの概念や実体から成り立っている，複雑な構成体である。漠然と「家族は一つ」や「家族は一番大切なもの」等という価値的な観念先行の理解が多いが，実体は，「子どもとしての家族」と「親としての家族」では非常に異なった性格と内容を持っている。このことは，非常に重要なことである。

3）「イエ」とは，親・子・孫をベースとする親族集団でもあるが，同時に経済生活共同体でもある。イエを形成する農家の土台は，田畑・山林・屋敷・水利権等の生産と生活をベースとする生産・生活共同体であり，法人的性格を持つ。このイエを単位として集落が形成されているのがムラである。たとえば，徳川家は７代の家継で血縁者が途絶えたが，非常に遠い親族である吉宗（紀州徳川家24番目の子ども）に８代将軍を継承させることにより，法人としての「徳川家」という巨大な政治事業組織体を維持してきたのである。これが，「イエ」の継承の本質である。

　「イエ」は，血縁・親族の継承よりも，法人的な事業体の維持・継承に重点が置かれる。そして，系譜の承認を軸に世代の継承を行ってきた。その具体的シンボルが，財産（田畑・山・屋敷等）の相続とその系譜の正統性を継承することが，墓や位牌をベースとする先祖供養として生活の中に引き継がれてきた。しかし，農業を基盤とするイエは産業化社会の中で経営体が移動できず，イエの継承・相続は減少することになる。このイエをベースとして成立してきた「イエ・ムラ」体制は，産業化が顕著な移動型社会を形成してきたため，その変化に適応できず弱体化・変容している。

　「戸籍」は太閤検地以降，租税や人民を管理するためにいろいろ作られ

てきた。1872（明治5）年の戸籍法は,「子どもが誰で, 両親が誰なのか」
や,「誰と誰が結婚しているか」ということを登録する,「家族構成を登録
（証明）する台帳」ということである。「誰と誰が一緒に住んでいるか」と
いう世帯構成を表したものではない。なお, 明治5年以降の旧民法上の旧
戸籍法は,「イエ制度」に重きを置いた「戸主」の特権や男尊女卑, 長子
相続等, 家族内の法的ヒエラルキーを認めたものであり, 戦後の1948（昭
和23）年に撤廃された。この家族をめぐる「イエ制度」「旧戸籍法」等の
法制度的な性格が, 家族をめぐるイデオロギー上の混乱の原因になってい
る。すなわち,「イエ・ムラ」のイエと「イエ制度」的イエは, 混同され
ていることが多い。両者は, 必ずしも同じ地平で用いられているモノでは
ない。

　再度整理すると, イエの構成メンバーは, 世帯・家族や本家・分家等の
親族集団によって構成されている。この点で家族と非常に似かよるが, 個々
人としての集まりが家族ではなく, メンバー間にヒエラルキー的な位座が
存在する集合体がイエの構成体である。すなわち, イエの家族メンバーは
男女平等でもないし, 年齢階層によっても格差が存在する集団なのである。

　以上が, 伝統的社会の存立基盤である「世帯」「家族」「イエ」の性格と移動
型社会との関係である。同時に,「世帯」「家族」「イエ」は人々の暮らしや行
動の基礎単位でもある。ゆえに,「世帯」「家族」「イエ」は非常に類似しており,
概念的にも集団的にも整理しづらかった。しかし, 100年前の大正時代の社会・
経済構造や家族・世帯構造は, 大きく変容している。それゆえ, 社会的基礎単
位の変化を追求することは, 非常に重要な社会学的な学術的課題となってくる。
私はこの課題を, 主に農山村の人々の暮らしや集落という地域社会の変化・変
容を通して, 100年間の社会的基礎単位の現代的意味と構造から再検討したい。

第3節　時代・社会の変化と「世帯」の変動

■3-1　社会学的な現代社会の時代区分と【昭和前期】の重要性

　20世紀初頭から現在（2019年）までの約100年の現代社会を，社会学的に3つに区分したい。まず第一は，1920年の第1回国勢調査が行われた1920（大正9）年から1960年頃の高度経済成長期が始まるまでを【昭和前期】（一部大正期を含む）としたい。第二に，1960年頃からの高度経済成長期から，バブル経済の崩壊が始まった1991（平成3）年頃までを【昭和後期】もしくは【高度経済成長期】とする。第三は【平成期】である。平成期は，昭和後期の産業・経済史観の連続性の中で低成長期として語られることが多いが，社会学的基準では，日本社会の根幹である社会的基礎集団（世帯・家族と地域社会）の底が抜けた【社会基盤解体期】と考えている。

　平成期の最も大きな社会変動は，マクロで見れば人口トレンドが増加から減少に移ったこと（総数としての人口減少は，それほど大きくない）と，それ以上の大変化は，我々の日常生活の基礎単位である世帯・家族が急速に分散し，世帯人員3人以下の極小世帯が急激に増加したことである。この大きな社会変動に「少子・高齢化」等の矮小化した学術的名称を付けて処理しているが，この変動は人々の日常の暮らしにとって重大な現実的変化を与え続けてきた。まだ一般的には気づかれていない，この社会的大変動を起こした時期が，【平成期】である。以上，現代を3つの時代に区分したい。

　ここでは，一般的な「戦前・戦中・戦後」という既存の政治（軍事）・社会的分類は取らない。1945年の第二次世界大戦の敗・終戦がメルクマール（社会的基準）になるのではない。我々の社会学的な時代区分では，人々の日常の暮らし方や人口構成という社会基盤の根底にある構造変動をメルクマールとしたい。だから，1960年頃が一つの大きなメルクマールとなる。

　すなわち，日本社会が農業・農村をベースとする定住型社会として構造化されていた時代が，【昭和前期】としての一つの大きな社会学的な時代区分である。さらに言えば，1960年代頃までの定住型の農業・農村社会は，江戸時代から

の連続性も持ち，日本の家族構造や地域構造の伝統的モデルとして非常に重要である。この研究は，農村社会学上の「家・村論」として日本の社会学界に大きな足跡を残してきた。

　同時に，この「近代の安定的農村居住期」は，急激な人口膨張が進展した時代でもある。明治初期の3,300万人から，第1回国勢調査で約5,600万人に増え，さらに1965年の第10回国勢調査では約1億人まで膨張している。すなわち，この【昭和前期】＝「近代安定型の農村居住期」の人々の暮らしの基本構造は，日常的には「イエとムラ」をベースとする半自給的農耕生活（未発達な産業資本主義）を営み，近代化によるばい菌の発見と教育・産業・医療システムの成長の中で，乳幼児死亡率を軸とする疾病による死亡者数が急激に低下した。また，逆に，まだバースコントロールができない中で子どもが増え，労働力が増えることで大人も助かるようになった。その結果，各家庭および地域社会に急激な人口増加が起こった。すなわち，日本社会の大多数を占める一般的な農村家庭は，豊かではないが子沢山の暮らしを営々と営んでいた。なお，この人口爆発と社会的な人口圧力が，世界の植民地主義および帝国主義的政策に触発され，戦前の朝鮮・満州への植民地化による第二次世界大戦へと突き進んでいった。人口増加が生み出した社会的悲劇ともいえる事例である。

■3-2　有史以来の社会構造の変動期（【高度経済成長期】・【平成期】）

　日本が最も大きく変化するのは，1960年代からの【高度経済成長期】である。多分，有史以来，農耕・稲作をはじめてから，最も大規模かつ根本的な変動を家族や地域社会のあり方に与えた。なお，【平成期】も，社会構造の基盤である世帯・家族や地域社会が急激に変容している変動期として位置づけている。すなわち，社会的大変動期に突入したのである。具体的にいえば，第一に，就業構造を農業就労からサラリーマンに転換し，第二に，居住地域を農村から都市に大移動した。第三に，社会関係の基盤を，家族や集落などのコミュニティよりも学校や企業組織などのアソシエーションを重視する社会に変容させた。そして，物質的豊かさと競争原理を基本とする社会的基準を持つ人々が増えた。

結果，子どもを産み育てるという人的再生産と，社会的紐帯を維持・再生していく基盤が，急激に弱体化している。

【高度経済成長期】の経済的・社会的変化の実態については，今までの既存の研究・文献に多くのことが分析されている。テレビ・洗濯機・冷蔵庫の家電産業から，トヨタ・日産・ホンダの自動車産業の成長，ニュータウンの団地やマンション，新幹線開業，万博開催や，放送・ファッション等の変化，海外旅行の隆盛など，経済・社会的変化を挙げれば，この時代の変革の実態が如実にわかる。

ただ，この変革主体となった人々がいったい誰なのか，また，どこで生まれどうして変革主体としての労働者・サラリーマンとなっていったかを，考えてみたい。堺屋太一は，『団塊の世代』や『油断』という産業史観でこの時代の主役を析出した。わかりやすく言えば，昭和23年〜26年ぐらいに生まれた戦後ベビーブームの世代を中心に，日本の高度経済成長の担い手（労働力）になっていったと分析した。しかし，この戦後ベビーブーマーがどこで生まれ誰が育てたのかの分析は弱い。すなわち，【昭和前期】を軸とする農村社会の中で生まれ，農家の父母や農民たちが食べさせ，農村が子どもから青少年にした。この青少年を「金の卵」として，産業労働力・都市労働力として活用したのが，学校や企業を軸とする産業セクターであることは，誰もが知っている。だが，「日本の高度経済成長や現代的な産業社会の基盤構造を支えたのが，昭和前期の農山村社会の人々の暮らしであった」ことには，思いが至らない。

【昭和前期】のバースコントロール不能期の多産と公衆衛生の進歩に伴う人口爆発が，昭和30年代からの高度経済成長期の人的社会資源として，日本の産業化・都市化の社会的基盤を支えたプロセスへの視点と評価は低すぎる。そして，1960年頃からのコンドームの普及に伴うバースコントロールによる急激な出生率の低下と，産業化に伴う社会移動による世帯・家族の分散・極小化が，次の1990年代以降の【平成期】に入り，人口減少のみならず社会基盤をも解体させる大変動期に突入しつつある。

社会学的な時代区分の三番目は，従来の堺屋太一的な産業史観から見れば，

バブルがはじけた1991（平成3）年頃からの経済発展の低成長期からであろう。既存の産業史観からは，高度経済成長期をベースとする非常にシンプルな社会目標（物的豊かさと競争原理だけ）では展望が開けない状況の中で，次の新たな経済的な社会目標が見出せず，個人も社会も停滞・模索している中で，明確な社会像が描けない時代であったと，一般的に認識されている。また，このような時代をポストモダンと位置づけている社会・経済学者もいた。

　しかし我々の社会学的時代区分では，かなり激烈な社会変動期に突入したと考えている。すなわち，【平成期】は，社会単位の最も基礎的である家族や世帯のあり方，および集落や地域社会のあり方が，急激に変容・解体してきた時代である。経済的変化を重視したトレンド分析が観念的なポストモダンならば，人々の暮らしの根底にある家族・世帯や地域社会（集落，町内）が急激に変容・解体し，結婚・出産・子育て・教育・就職・仕事・買い物・医療・介護・葬式等の日常的な社会的実体が急激に変質・変容している。すなわち，日常的な社会生活および生活構造が大変動しているのである。すなわち，経済活動を軸とした社会構造が，停滞したり変わらなくても，日常の暮らしの構造＝生活構造が大変動しているのである。この意味では，社会学上最も急激な生活（社会）変動が発生してきている。この現代が直面している大変動を再検討していくのが，本章の課題である。

■3-3　人口の増減と高齢化による家族・社会の構造変化

　本項では，人口動態の変化（人口の増減や婚姻の変動，少子化・高齢化など）に焦点を当てて，人々の生活構造の変化にどのような影響を与えたのかに注目していきたい。

　まず，「図3-1　日本の人口増加と地域社会の動き」を簡単に説明しておきたい。

　①総人口は明治以降急激に増加し，明治初年の3,300万人から2019（平成31）年の1億2,632万人にまで約4倍になっている。長期トレンドとしては，日本の人口は増えている。しかし，国・行政・マスコミ・学会等は，「**日本の**

図 3-1　日本の人口増加と地域社会の動き

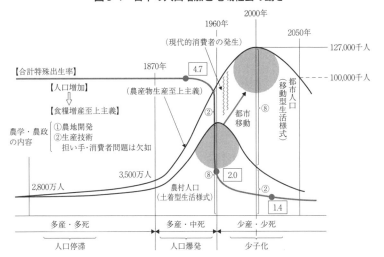

人口は急激に減少している」と喧伝している。この社会的・政治的ギャップが何故起こっているかを，当然検討すべきである。

　②江戸時代とは異なり，明治以降に急激に日本の総人口が増加したのは，20世紀初頭のばい菌の発見とその対策（手洗いと上水道）の普及による公衆衛生の向上によるものである。ばい菌やウイルスを知らない時代は，消化器官系の疾病による死亡数が大多数であり，乳幼児死亡率も高く，平均寿命も短い。医療体制が整うのは，1960年の高度経済成長期以降である。学校と軍隊で手を洗うことを教育し，生水を飲まず上水道を普及させたことが，無数にあった消化器官系の疾病による死亡数の，急激な低下に繋がったのである。そして，生き延びた人たちがねずみ算的に増えて，人口増加が起こったのである。

　③一方，【昭和前期】は人口は激増したが，農業を軸とする生活のため，暮らしや社会を激変させる人口の空間移動は起こっていない。国民の圧倒的多くは農村部に住み，車も持っていない中で生活圏はそれほど広くなかった。日常生活圏は自分の集落を中心に，近隣のマチ等で行われていた。ただ，太平洋戦争を引き起こしたため，軍事的・政治的な社会変動は大きかった。歴史は，政

治史だけでみるものではない。

④【高度経済成長期】(【昭和後期】)は引き続き人口増加が起こったが，産児制限等により，出産数は急激に減少し，合計特殊出生率は 1960 年の 2.0 から，2015 年の 1.4 まで低下し，人口の再生産率である 2.1 を下回り続けている。しかし，総人口が約 3,000 万人近く増えたのは，「子どもは減ったが，年寄りが死ななくなった」という，「少子・高齢化」という人類史上稀な複雑な社会現象が発生したからである。

⑤ 1960 年以降の社会は，産業化社会と共に高度移動型社会に変わっていった。1960 年の国勢調査では，日本国民の農村人口と都市人口の対比は 8 対 2 で，圧倒的に農村部に住み，定住型の生活をしていた。逆に現在では，農村：都市の人口は 2 対 8 になり，移動型生活（進学・就職・転勤・結婚で住居を移動する）を形成している。すなわち，同じ場所に長く住んでいる人が少なくなり，人間関係等の関係性が薄れてくることになってきた。

⑥【平成期】は別の 2 つの大きな変化が発生している。一つは，人口増加から人口減少への転換である。【昭和前期】【高度経済成長期】には，ばい菌の発見や産業化・近代化による公衆衛生や医学の発達に伴う乳幼児死亡率の低下によって，急激な人口増加が起こった。また，もう一つは，産業化に伴う豊かな生活や公衆衛生の発達は，平均寿命を急速に長寿化させ，日本社会を高齢化社会に突入させた。

しかし，【平成期】に入ると，バースコントロールによる少産化や晩婚化・非婚化によって，人口動態は，2008 年の 1 億 2,808 万人をピークに人口減少に転じた。ただし，平均寿命は延び続け，1990 年の男 75.9 歳，女 81.9 歳から，2015 年には男 80.8 歳，女 87.1 歳にまで延び，過剰な表現であるが「人生 100 年時代」というフレーズが，一般化した。このように，人口減少への転換と少子高齢化に伴う社会構造の変動を，より複雑にしているのが世帯の極小化・分散化による人々の生活構造の変化である。

すなわち，人口が減少し始めても世帯数の増加は止まらず，世帯人数は超極小化し，一人暮らしや二人暮らしという高齢者が（当然，若者も含め），急増し

てきている。介護・医療・年金等，様々な社会問題のバックグラウンドが形成
されてきている。また，世帯の極小化は，空間的移動（雇用労働型就労）によ
る進学・就職・転勤の産業型強制移動によって増幅され，世帯の居住地がばら
ばらに分散化させられたのである。【平成期】は，高度経済成長期から続く「社
会構造」の変動が，急激かつ大規模に人々の日常の「生活構造」とズレ始めた
のである。この「社会構造」と「生活構造」のズレという変化が，【平成期】
の特徴である。この意味から，【令和期】は，社会基盤の大溶解期となってく
る可能性が非常に高い。

第4節　資料データから見た人口および世帯・家族の推移

　以下，社会学的な時代区分別に，人口推移を見ていきたい。この【昭和前
期】【高度経済成長期】（昭和後期）【平成期】の3区分時代を，社会的基盤・
基礎となる①人口推移（図3-1）を軸に②世帯数（図3-2）および③世帯員数の
変化という「計量可能」な行政データの分析から，詳細に家族基盤や社会構成
の変化を整理していきたい。

■4-1　【昭和期】の人口データから見た家族・社会の構造変化─農村
　　　　型定住社会

　【昭和前期】の人口は，約6,000万人から1億人までの人口膨張期であった。
1920（大正9）年の第1回国勢調査では，世帯数1,122万世帯で，人口5,596万
人であった。この時代は農業・農村社会の安定期であり，人口の85%が農村
部に居住していた。また，一世帯の平均世帯員数は4.89人であり，標準的には，
一世帯に7人〜10人が居住する世帯も多かった。

　すなわち，昭和前期の一般的な世帯の形態は，「一軒の農家で（祖父母＋父母
＋複数の子ども）という多人数の直系家族的な世帯構成」が多かった。この標
準的な形態が，世帯＝家族という集団概念を形成し，逆に世帯と家族の違いを
無意識に混同してしまう基礎的な社会認識を形成した。すなわち，世帯と家族

の違いを明確に認識できず，庶民だけでなく行政マンも研究者もマスコミも，混同したままこの両概念を使い続けてきた。

　次に，この時代は「多産・中死」の時代で，人口が急激に増えた時代でもある。すなわち，明治以降のばい菌・細菌の発見以降，その対策としての上水道や「手を洗う」などの学校教育によって，急激に食中毒など消化器官系の死亡率が低下した。一方，出産に関しては，まだバースコントロールはできず，子どもの出産数は多かった。中には一世帯あたり8人〜10人の子沢山もいた。すなわち，子どもは多く生まれるが，若・壮年期にあまり死ななくなった，典型的な「多産・中死」の時代であった。これが，人口増加の基本的な要因である。

　この時点での合計特殊出生率は1947年が4.54であり，これが統計上（厚生労働省「人口動態統計」）最も古いデータである。それ以前には，推定値的なデータしか獲得できず，1925（大正14）年の合計特殊出生率は5.11になっている。これ以前の出生数や出生率に対して，正確なデータはない。しかし，出生数は江戸時代以前でもかなり多かった。だが，死亡数も多かったので，人口数も抑制されてきた。この昭和前期は，人口抑制のメカニズム（出生数と死亡数のバランス）が大きく崩れ，出生数が死亡者数を上回った時期である。

　一方，人々の空間移動が戦争によって準備された時代でもあった。すなわち，日中事変から太平洋戦争までの長期に続く戦時体制は，徴兵・徴用さらに植民地移入等，有史以来はじめて経験するような人口移動を発生させた。この意味では，戦前・戦中社会はかなりの国際的な社会を形成していた（朝鮮・台湾・満州・南洋等の植民地化）。平時になった1960年以降も，産業化・都市化に伴う労働力移動が大規模な社会移動として，現代の移動型社会に大転換した。このことは，家族や社会にとって，基礎構造から急激な変化・変動を引き起こすことになった。なお乗本吉郎は，土着型の農耕民族であった日本人が急激に農村を捨てて都市に移住するようになったバックグラウンドに，農山村の若者たちの徴兵と派兵という軍隊での移動経験が大きいと指摘している。

　人口増加については，1920年の世帯数1,122万世帯，人口5,596万人から，1960年には世帯数2,086万世帯，人口9,430万人（平均世帯員数4.52人）に変

化している。人口は約4,000万人増え，世帯数も約9,000世帯増えている。しかし，一世帯あたりの平均世帯員数は，1920年の4.89人から1960年の4.52人とあまり変わっていない。すなわち，1960（昭和35）年頃の東京オリンピック前では，日本の家族と社会は，平均世帯員数4.52人，モデルとしての標準世帯員数7〜9人の農家家族を中心に，定住型の社会の最後の姿を形成していた。

■4-2 【高度経済成長期】（【昭和後期】）の人口と社会的特徴—社会構造の大変動期

　1960年頃から始まる高度経済成長は，日本の家族や社会の根底を揺るがす大きな大変動となる。この大変動の詳細については，4-3で記述する。ここでは，統計データからこの変動を見ていきたい。まず，【高度経済成長期】（【昭和後期】）の始まりと終わりを一応，1960（昭和35）年頃から，バブル経済崩壊前の1990（平成2）年頃までとし，その人口・世帯・平均世帯員数の変化を見てみる。

　①人口は，1960（昭和35）年には9,430万人いたが，1990（平成2）年には1億2,361万人まで約3,000万人増えている。これは，出生数が増えたのではなく，死亡数に関係する長寿化が進行し，高齢化社会に突入したからである。すなわち，合計特殊出生率は，1950年代後半のコンドームの大量生産システムと一般使用の普及が相まって，1960年には急激に合計特殊出生率が2.0まで激減した。以降，長期にわたり出生率の低下が起こり，現在では1.40という少産化時代に突入している。

　一方，この時代の約3,000万人の人口増加は，生活水準の向上や医療・介護福祉技術の発展に伴う平均寿命の伸長が，少子化による人口減少を大幅にカバーし，人口増加を引き起こしてきた。それゆえ，少子化と高齢化が同時に進み，日本社会の年齢階層が急激にバランスを崩した「高齢化社会」に突入した。1960年頃までの日本の人口の年齢階層は，人口ピラミッドという言葉通り△の形をしていた。しかし現在では，変形した▽型の年齢構成であり，人口ピラミッドという言葉が実体を示していないまま現代でも使われている。これまた

62

『チコちゃんに叱られる』現象である。

　なお，合計特殊出生率の急激な低下は，1970年にシンガポールで発生し，1980年には韓国で発現した。すなわち，社会の近代化における普遍的課題として，人口減少と衛生器具の社会的関係性は，非常に興味ある社会学的テーマである。なお，シンガポール，韓国の少子高齢化は，日本よりも急速な勢いで当該社会の構造を変動させている。当時の安倍政権が人口減少を「国難」として位置づけていることは，大きな疑義が発生する。シンガポールも韓国も，そして中国も，少子化に直面している。にもかかわらず，日本だけを「国難」と位置づけることの非常識さを，強く思う。

　②一方，世帯数は1960年の2,086万世帯から1990年の4,067万世帯まで倍増している。1960年から1990年の30年間に，人口は高齢化に伴い約3,000万人増えた。しかしそれ以上に，世帯数はこの30年間に約2,000万世帯増え，猛烈な世帯の分散化と極小化が生じた。これは，高度経済成長により，急激に産業構造の変動（百姓からサラリーマン）と居住地構造の変動（農山村から都市へ）という「民族大移動」が生じたからである。これを社会学的には「社会移動研究」として，鈴木廣の『コミュニティ・モラールと社会移動の研究』等として結実している。すなわち，日本の地域社会学の研究としては，農村社会学の地平の上に都市社会学が立ち上がってきた。

　③次に，一世帯あたりの世帯員数の平均は，1960年の4.52人から1990年の2.99人まで急激に減少している。図3-2は，年次別の総世帯数に占める世帯員数の変化のデータである。世帯員数3人のラインに補助線を引くと，次のことが非常に明確にわかる。1920年から1955年頃までは，4人，5人，6人，7人，8人，9人世帯等の多人数世帯が多く，標準的世帯として（祖父母＋父母＋子どもたち）の形態が一般的に確認・認知される。しかし，1965（昭和40）年には7人，8人，9人の大規模世帯が急激に減少し，4人を頂点に3人，5人の小規模世帯が急増してくる。ただし，まだ1人，2人の超極小世帯の増加はみられない。

　この時代の世帯を表す言葉として，『核家族』という言葉が時代を席捲した。

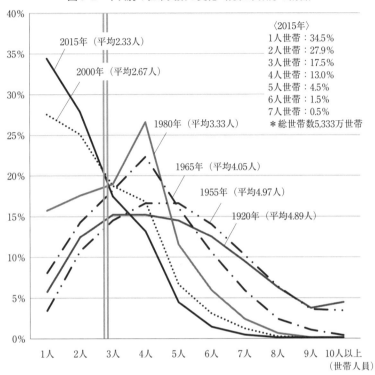

図 3-2 年次別の世帯員数の変化（総世帯数分の割合）

核家族の構成は，典型的に（夫・妻＋未婚の子ども）という世帯構成である。この世帯は，都市型のサラリーマン家族をモデルとする「夫婦家族」をイメージしている。ここでも，世帯を核家族と呼び，世帯と家族を区別せず混同して使用した。この混同した「核家族」概念は，マスコミの主導で行われたため，社会に急速に混乱が波及した。あたかも便利な学術用語としてマスコミが使うことにより，研究者のみならず行政職員においても大混乱を引き起こしている（このことすら，気が付いていない）。

　しかしながら，世帯は縮小化したが，家族は解体したわけではなかった。にもかかわらず，マスコミが主導した『核家族化』という言葉が家族解体を連想させたのである。確かに世帯の縮小化は，伝統的な農家の家族構成や農村社会

（過疎化）に大きな影響を与えたことは，事実である。この変化を，厳密に検討・分析していくのが研究であり，『核家族』や『核家族化』のような一般用語的な理解で，家族や社会の変化・変動を解釈することは非常に危険な事である。なお，図3-2の世帯員数別世帯割合の推移は，今後【平成期】の世帯の極小化の進行を分析する中心的データとなる。よって，注目しておいてほしい。

　【高度経済成長期】（【昭和後期】）は，もう一つの大変動が発生している。①人口，②世帯数，③世帯員数等の家族関連の指標が，急激な大変動を発生させただけでなく，もう一つの社会基盤である居住空間の大変動が発生した。就業構造の変動に伴う民族大移動とも呼ぶべき，水平移動が発生した。すなわち，都市の膨張と過密化現象，一方で農山村の人口減少と過疎化である。先にも指摘したように，1960年頃には，農村人口と都市人口の比率は8：2であった。しかし1990年には逆転し，2対8まで変化している。すなわち，日本の社会が農業・農村社会から全般的都市化傾向によって，産業型の都市化社会に変貌したのである。社会移動としての職業移動（垂直移動・階層移動）が発生し，一般的な職業が百姓からサラリーマンに転換していった。

■4-3　【平成期】の人口と社会的特徴─生活構造が溶解する変貌期

　一般的に平成期は，マスコミ等で【昭和後期】の連続性の中で語られることが多い。特に，1993（平成5）年のバブル崩壊期から現在までは，堺屋太一的な産業・経済的史観で，経済発展の低成長期とか，山一證券倒産やリーマンショックなどの「失われた10年・20年」といわれることが多い。現代のマスコミや学界の中で，圧倒的過度に産業・経済史観が蔓延っている。しかし【平成期】は，経済・産業史観では把握できない，異質な大変動と社会的基盤の根底を解体させる現象がうごめいている。

　たとえば，圧倒的なコンピュータ・AIの進出と人間存在の対立，パソコンやスマートフォンによる情報革命による人間関係の個別化と社会や年齢階層の分断，新聞等の活字文化の衰退に代表される文化継承の非連続性，等である。また，日常に目をやれば，コメのご飯（共食）よりパンや麺類のコ食の進展，

八百屋・魚屋の消失とコンビニ店舗の巨大系列化，ニュータウンのオールドタ
ウン化，アパート・マンションの立ち腐れ，「子ども食堂」などの社会的貧困化，
児童の扶養および高齢者介護の人的不足，大学キャンパスの郊外化，「人生60
歳で死ねない社会」等々，人々の日常生活の大変動が始まっている。これは，
単に経済的な産業史観では捉えられない社会現象の大変動である。多分，我々
の生活や社会の根底が揺らいでいる。このことを，【平成期】の社会基盤の軸
である①人口，②世帯数，③平均世帯員数（家族観）から，少しでも近づいて
分析していきたい。

　まず，データから【平成期】を見てみよう。①人口的には，1990年の1億
2,361万人から2008（平成20）年の1億2,808万人まで増加した。この2008年
の1億2,808万人が日本の人口のピークであり，最大値を示した。以降，毎年
人口減少がはじまっている。2018年現在の6月の確定値が1億2,650万人と
なっている。確かに，この10年間で158万人減少していることは事実である。

　しかし，現在の政府・マスコミ・学会は，ここ20年近く「人口減少社会！
日本」を喧伝してきた。今後，人口が減少することは確実である。しかし，事
実として僅か150万の人口減少をネタに，30年先，50年先の推計値を振りまき，
「限界集落」「消滅集落」「消滅自治体」「消滅都市」という誇大な政策用語をチ
ラつかせ，人々の不安と危機感を醸成している。多くの地方自治体職員や軽率
な大学の先生は，自ら地域社会の実態を調べず，国立社会保障・人口問題研究
所の推計値を金科玉条のごとく振りまいている。また，対策としては，ほとん
ど実効性のない「地方創生」という高度成長期の政策の焼き直しを，アリバイ
行政的に展開している。むしろ，「人口減少を真正面から見据えた」現実的な
基本政策が，最も必要とされている。希望観測的な政策データで現実問題は解
決しない。

　②次に，世帯数の変動は1990（平成2）年の4,067万世帯から2018（平成
30）年の5,800万世帯に増加している。約30年間で，総人口はほとんど変わ
っていないのに，世帯数だけは約1,800万近く増加している。この世帯数の増
加が，【平成期】の最大の特徴である。特に，図3-2の2015年のデータでは，

総世帯数5,333万世帯の内,「一人世帯」が1,841万世帯（34.5%）,「二人世帯」が1,487万世帯（27.9%）,「三人世帯」が936万世帯（17.5%）となっており,日本の総世帯数5,345万世帯の内,なんと80%を「三人以下の極小世帯」が占めている。すなわち,世帯が極端に縮小化を示しており,一軒の世帯が家族を構成することができなくなってきている。これが【平成期】の最大の特徴であり,「世帯の極小化」現象が家族や社会を大きく変動させている。

　すなわち,【昭和前期】では一軒の世帯は（祖父母＋夫婦＋子どもたち）という三世代構成を軸とする家族像が描けた。次いで,【高度経済成長期】（【昭和後期】）では,非農家化やサラリーマン化などの都市化により,一軒の世帯の構成は（お父さん＋お母さん＋子ども）の4人家族を中心とする『核家族』世帯をイメージした標準世帯であった。

　③そして,2015年の『国勢調査』からみた現在の【平成期】の世帯構成は「一人世帯」（34.5%）と「二人世帯」（27.9%）を合わせて62.4%となり,従来,直系親族世帯や核家族世帯のように曲がりなりにも「世帯≒家族」という概念は通用しなくなってきた。家族という社会的基礎単位を考える上で,従来とは全く異なる思考やアプローチが必要になってきている。すなわち,日本の国勢調査および住民基本台帳のデータをいくら詳細に見ても『家族』の実態が見えてこないという事態が発生している。社会科学における実証的分析の,基礎・基盤構造が崩れているのである。この重大性に,未だ学会も行政も気が付いていない。

　世帯数としては,前述したように「一人世帯」が総世帯数のうち最も多く34.5%を占める。「二人世帯」が次に27.9%である。その多くは,農村部のみならず都市部に居住する高齢者と,都市部に居住する若年層（≒独身層）が多くを占める。すなわち,厳密に言えば,一人暮らしの人は「世帯」を構成しているとは言えない。世帯とは「一軒の家屋をベースに共同生活を営んでいる集団」と定義すれば,集団を形成していない一人暮らしは,世帯でもなければ家族集団でもない。

第5節　家族と世帯は違う
——家族は空間と世帯を超えて機能する

　しかし，次のことは非常に重要である。彼らは家族を持っていないのかといえば，否である。家族はいる。すなわち，農山村に限らず独居老人は，同じ家屋に居住している人は誰もいないが，空間を超えて近場のマチに息子夫婦や娘夫婦が居住している。また，地元の県庁所在地等には孫たちが暮らしており，勤めや大学に行っている。そして，空間を超えてこの三者は頻繁に連絡を取り合い，相互に生活支援の互助を行っている。この現象については，7章で実証的に記述する予定である。

　世帯はバラバラであり，集団としての家族の形態は変容しているが，関係性や機能および規範としての家族は，簡単に衰退しているわけではない。家族メンバーは別居している他出子（者）をも含め，車や携帯によって密に連携している。また，他の職場の人や近隣の人々等，非親族型の人たちとは異なり，非常に強い感情融合を持っており，特定化された人々の集合体であることは間違いない。逆もまた真であり，都市部の独身の若者は，近郊のマチに父母が居住し，農山村に祖父母の世帯が別れて居住している。そして，相互に日々の連携と強い感情融合を持っている（腹が立つが，この関係性を最もよく知って，悪用しているのが，「オレオレ詐欺」の犯人たちである）。

　すなわち，【平成期】の世帯・家族のあり方は，【昭和前期】の，同じ家屋（同一場所・同一空間）に（祖父母＋父母＋子どもたち）から成る世帯を形成していた時代とは異なり，また，【昭和後期】の（夫婦＋未婚の子どもたち）から成る「核家族」世帯の家族イメージとも異なっている。現代は（祖父母の世帯）と，他出子である（夫婦の世帯）と，別居の（子どもたちの世帯）がバラバラに空間を超えて生活している。この意味で，【平成期】の家族は，空間を超えた「世帯連合」とも言える。すなわち，現代社会は「家族＝世帯連合」に変容している。しかし，家族としての認識は強く，機能や関係性が無くなったり，感情融合的な結合がなくなったりしているわけではない。しかし，現代の家族のあり

方を，昔の世帯・家族の枠組みで捉えることはもはやできないことを，肝に銘
じるべきである。

【参考文献】

福武直（1959）『日本村落の社会構造』東京大学出版会

細谷昂（2012）『家と村の社会学』御茶の水書房

森岡清美（1967）『家族社会学』有斐閣

鈴木栄太郎（1943）『日本農村社会学原理』時潮社

戸田貞三（1937）『家族構成』新泉社

山本陽三（1981）『農村集落の構造分析』御茶の水書房

第4章
現代農山村集落における
住民生活と地域社会の変化

第1節 少子高齢化の進む農山村を捉える視点
——集落消滅論とその批判

　今日，多くの農山村の集落では，少子高齢化の進展により老年人口すら減少する事態が生じている。集落間の格差も拡大するなど，1990年頃から過疎の様相が大きく変化しているともいわれている（山本努 2017）。そうした中，大野晃は，「65歳以上の高齢者が集落人口の50％を超え，独居老人世帯が増加し，このため集落の共同活動の機能が低下し，社会的共同生活の困難な状況にある集落」を限界集落と名付け（大野 2005：22-23），このような集落が条件不利な山村において増加し，消滅の危機が迫っていると警鐘を鳴らした。この「限界集落」という言葉は，2000年代の中頃からマスメディアでたびたび取り上げられ，現代農山村を象徴するキーワードのひとつとなった。さらに，その後の増田寛也ら（2014）では，農山村だけでなく地方全域において，今後，加速度的に人口減少が進む自治体が多数存在するとの予測が示され，「地方消滅」や「消滅可能性都市」という言葉も登場した。このような人口に関する量的基準に従って地域社会の消滅危機を強調する議論（本章は農山村集落に焦点をあてることから，仮に「集落消滅論」と呼んでおく）は，国や自治体の政策にも多大な影響を与えており，全国各地において交流人口や関係人口を含む人口の獲得を目標とした地域づくりが推進されている。

　こうした集落消滅論の影響拡大の一方で，一部の研究者たちからは以上のような現状分析や，それに基づく地域政策に対する批判の声があがっている。例えば，現状分析に関しては，集落はそう簡単に消滅しない強靭さを有している

という指摘や（小田切 2014），他出子たちとの家族関係（徳野 2015）や集落連合組織の結成（高橋 2006）など様々な共同性の再構築によって，新しい形の地域社会が構築されようとしているとの指摘がある。政策についても，限界集落やこれを受けた撤退論（林・齋藤 2010）という考え方が，安易に組み込まれることによって，マッチポンプ式に過疎集落の危機を深刻化させてしまう可能性が指摘されている（小田切 2009，秋津 2013）。さらに，地方消滅論を受けた地方創生政策についても様々な問題が指摘されており，さらなる地方の疲弊につながるとの批判がある（徳野 2015，山下・金井 2015）。

　それでは，こうした相反する農山村や地方に対する見方のうち，どちらが妥当と判断すべきだろうか。ここで具体的な数値から確認してみよう。中国新聞2015 年 12 月 31 日朝刊は，島根大学の研究者との共同調査をもとに，「中国山地（20 年以内に）83 集落が消滅のおそれ」と報じている。中国山地といえば過疎の先進地域であり，まさに集落消滅論の妥当性を証明するような見出しである。しかし，記事を読むと，83 という値は中国山地がまたがる地域における全集落の 0.8％に過ぎないことがわかる。さらに，同年に実施された，総務省と国土交通省による全国の過疎地域等にある集落を対象とした，「平成 27 年度過疎地域等条件不利地域における集落の現況把握調査」の結果をみると，対象となった 75,662 集落のうち，高齢化率 50％以上の集落が 15,568（20.6％）あるのに対し，「10 年以内に消滅」「いずれ消滅」と回答した集落は，それぞれ 570（0.8％）と 3,044（4.0％）であった。両者を合計すれば 5％程度の集落が消滅の危機を意識していることになるが，限界集落の基準とされる高齢化率 50％を超えている集落の数と比較するとかなり少ない。

　以上の簡単な作業から早急に結論を出すことは避けねばならないとしても，ひとまず集落消滅論に対する批判には一定の説得力があると考えてよさそうである。そこで次に浮かんでくるのが，「なぜ，少子高齢化・人口減少が進むなかで集落の共同性が維持できると住民は考えているのだろうか」という問いである。これに答えるためには，具体的に個々の集落の状況把握から集落を持続させている仕組みを明らかにするとともに，過去と比較しどう変化しているの

かに目を向ける必要がある。

　そこで，本章では，国営開発パイロット事業や町村合併によって，劇的な生活環境の変化を経験した熊本県上益城郡山都町Ａ自治振興区の２集落を事例としながら，地域を取り巻く環境の変化に対応して，実際に過疎農山村の集落組織やその活動がどのように維持されているのかを明らかにするとともに，そこで生じている変化の方向性について検討する。山本努（2017, 2019）は，限界集落論の問題点のひとつとして「生活をみないこと」をあげている。ここでいう生活とは，人々の社会関係や社会集団への参加のことである。そこで，本章ではこの意味での生活に焦点をあてながら，上記の課題にアプローチする。

第2節　事例と調査の概要

■2-1　対象地域の概要

　熊本県上益城郡山都町は，熊本県の北東部，宮崎県との県境にある中山間地域の農山村である。2005年に矢部町，清和村，蘇陽町の２町１村が合併し誕生した。県都熊本市の都市圏にあって，近隣の町に郊外型店舗が出店するなど生活上の利便性は向上しているが，表4-1からもわかるように高齢化と人口減少の進展が続いている。

　事例となる２集落は，旧矢部町北部のＡ自治振興区（「以下，「Ａ地区」）に属している。自治振興区とは，山都町合併後，住民活動の活発化を目的として28の旧小学校区単位に設置された地域自治組織である。複数の集落（≒自治会・行政区）からなる集落連合組織であり，自治会や行政区に比べて集団としての

表 4-1　山都町における人口の推移

	1980年	1985年	1990年	1995年	2000年	2005年	2010年	2015年
人口	26,336	25,282	23,503	21,746	20,333	18,761	16,981	15,164
高齢化率	14.6%	16.6%	20.5%	26.2%	31.9%	37.0%	39.8%	44.5%
人口増減率	−4.1%	−4.0%	−7.0%	−7.5%	−6.5%	−7.7%	−9.5%	−10.7%

（出典）国勢調査をもとに筆者作成

72

結束は弱いものの，町の助成金に対する受け皿としての機能を果たしつつ独自の事業も展開している[1]。A 地区は，2 つの大字，5 つの行政区，そして実質的な共同の単位である 7 つの集落から構成されており，1957 年に旧矢部町と合併するまで，隣接する B 地区と共に独立した自治体（C 村）を形成していた。地区全体の人口は 2017 年時点で 538，世帯数は 196 である。

　A 地区の地形をみると，阿蘇の外輪山に接し標高 600m を超える北部から南北を縦断するように 2 本の川が流れており，その谷筋に集落や農地が点在している。かつては陸の孤島とまでいわれた条件不利地区であり，外部から分断されていたこともあって集落単位でまとまりの強い地域社会を形成してきた。現在は後述の国営開発パイロット事業によって道路整備が進み，役場や病院，商業施設など主要な機関が集中している浜町まで，自動車で 10〜20 分ほどの距離である。2023 年度には，九州中央自動車道の山都中島西 IC 〜矢部 IC 間が開通予定であり，熊本市までのアクセスがさらに容易になると見込まれている。

　本章で取り上げる D 集落と E 集落は，A 地区の北端と南端にそれぞれ位置している。北端の D 集落は行き止まりの集落であり，A 地区で最も標高が高いところにある。一方の E 集落は，町の中心部からみて A 地区の入り口にあたり，利便性に恵まれている。この 2 集落は，地理的な条件だけでなく，少子高齢化・人口減少の進展度合いや生業などについても対照的な性格を有している。この点については，後ほど詳しく論じる。

■2-2　調査の概要

　筆者は，2012 年の 4 月から 2013 年の 2 月にかけて，A 自治振興区より依頼を受け，地区内の 3 集落を調査した[2]。実施したのは，①集落の役員や中核的な農家を対象とする聞き取り調査と，②集落の全戸に参加をよびかけたワークショップ型調査の 2 つである。加えて，③集落の状況を体験的に把握するため年間行事のいくつかにも参加した。

　なお，②で実施したワークショップ型調査では，徳野貞雄が考案した T 型集落点検という手法を用いた。現実の生活基盤に注目して，集落を捉えること

を目的とした調査法であり，その具体的な方法や意義については，別稿（松本 2015）にて詳論しているのでここでは割愛する。概略としては，参加者に生活の現状について書き出してもらい，それを共有しつつ，今後の集落活動について参加者に自由に議論してもらった。生活の現状に関わる項目としては，①家族構成，②農業経営の現状，③農外就労の現状，④他出子との関係，⑤世代継承の予定，⑥生活交通の手段，⑦抱えている生活課題の 7 つを設定した。

　なお，本章の執筆にあたり調査時点から長時間が経過していることや，熊本地震，新型コロナウイルスの感染拡大等の出来事の影響を考慮し，2021 年 7 月に D 集落の住民 1 人に対し追加の聞き取り調査を実施した。この聞き取りでは，調査後の変化を中心に D 集落の集落組織とその活動の現状について確認した。以下では，2012〜13 年に実施した①〜③の本調査を中心に，2021 年の追加調査の結果にも触れながら記述を進めていく。

第3節　国営開発パイロット事業前後の集落と その後の生活環境の変化

■3-1　国営開発パイロット事業前後の集落

　1973 年に開始された国営開発パイロット事業（以下，「開パ」と呼ぶ）は，A 地区の生活環境を大きく変化させ，その影響は現在まで続いている。変化を論じる参照点として，まずは開パ前後の集落の様子について確認することから始めたい。

　幸いなことに，A 地区については開パが開始されてまもない 1977 年に，山本陽三を中心とするグループによって実施された旧矢部町調査の報告書が残されている（山本陽三 1981）。その中には，今回の事例となる 2 集落の集落組織とその活動の詳細や，集落の篤農家たちの生活史，生活意識などに関する記述が含まれている。そこで，まずは，この報告書に拠りつつ，聞き取り調査のなかで得られた情報を補いながら，当時の集落や住民生活の様子を素描する。

■3-2　山本調査期の D 集落と E 集落

　山本らによる矢部町調査は，国土庁（当時）から委託を受けた農村環境整備政策のための一連の「農村集落構造分析調査」の一環として実施された（以下，この調査を「山本調査」と呼ぶ）。研究プロジェクト全体の目的は，高度経済成長による農業や農村的生活様式の急激な変容に対し，農民の価値観にあった集落自治組織のモデルを探求することであった。複数の地域で調査が行われたが，矢部町の調査では伝統的な農民の価値観としての「農の心」の解明に焦点があてられた（山本前掲書：3-5）。

　こうした調査の対象となったことからもうかがわれるように，当時の矢部町は農業と生活の両面において，近代化の影響があまり浸透していない地域であった。山本は矢部農家の「後継者が熊本県一多いこと」「ほとんど複合経営であること」という 2 つの特徴から，伝統的価値観の残存している地域と予想し調査対象地域に選定したと述べている（山本前掲書：5-7）。そして，篤農家たちを対象とする聞き取り調査からは，①農業を生活のための「なりわい」「仕事」と位置づけ，②選択的拡大によって利潤追求を行うのではなく複合経営を維持するという農業観や，③そうした農業を営むために核家族ではなく拡大家族を理想とする家族観，④近隣関係での相互扶助を維持していくことが重要であるという地域観等，予想を裏付ける価値観の存在が確認されている（山本前掲書：159）。

　そのような矢部町にあって，D 集落と E 集落はどのような集落であったのか。山本の報告から要約したものが表4-2である。山本は，2 集落を含む町内 7 集落の状況を総括して，自治組織としての機能や共有地の存在，年中行事が盛んであることなどから，「『ムラは生きている』ということができよう」（山本前掲書：53）と結論付けている。これに加えて，いずれの集落にも公民館組織のなかに農業関連部会が設置されていることから，当時，2 集落には農業生産を軸に強固な地域社会が形成されていたと推測できる。篤農家への聞き取り調査の結果をみても，比較的経営規模が大きく開パに参加している点で近代化志向が一部垣間見えるものの，家族による複合経営を理想とし，長男が農業を継承

表 4-2　山本調査時の対象集落の状況

	D 集落	E 集落
自治組織	【自治会】 区長，会計，書記，組長3名 農協理事2名，生産森林組合理事3名ほか ＊区費：2,000円/年（このほか寄付あり） 【公民館】 公民館長1名のほか部会組織ごとに各部長 体育部，普通作部，特産部，畜産部，野菜部，衛生部，姑部，老人部，児童部	【自治会】 区長（隣接する集落とあわせて1名） 組長3名 ＊区費：200〜300円/月 【公民館】 公民館長，庶務，会計 婦人部，老人部，体育部，産業部
共有林	100ha程度（大部分入村者に権利なし）	記載なし
年中行事	どんど焼，うまんこまつり，神社祭礼（春・秋），ソフトボール大会ほか	どんど焼，マラソン，彼岸籠り，ゲートボール大会，ソフトボール大会，村祭りほか

（出典）山本陽三（1981：39-53）を参考に筆者作成

することが当然視されていることなどから，「伝統的」な農業観・家族観が維持されていたと考えられる（山本前掲書：54-111）。

　筆者が実施した聞き取り調査でも，上記のような状況を裏付ける話を聞くことができた。D集落の老人会長（80歳代・男性）によると，D集落は開パが実施されるまではまさに陸の孤島のようなところで，戦後は水稲と陸稲（もち米），麦，トウモロコシを生産しつつ，耕作用の牛馬を飼い，小規模な山林でシイタケを生産するという複合経営を営む農家がほとんどだった。冬場の「ダシヤマ」と呼ばれる営林署の山仕事も，農家の重要な収入源となった。1950年代の後半には露地トマトの栽培がはじまり，農協全体で産地化に熱心に取り組んだ。当時の農協はまとまりもよく，事務所にはいつも人が集まり情報交換が行われていた。休日は集落で決定し，みんなでソフトボールなどのスポーツを楽しんだ。行事も盛んで，盆踊りや芝居小屋での村芝居は大変賑やかだったという。

　とはいえ，山本調査の報告では，当時，矢部町に急速に近代化の波が押し寄

せようとしていることについても言及されている。機械化や第2次構造改善事業，そして開パによる農業経営の変化，道路整備による浜町や熊本市へのアクセス改善等が進んでいたからである。A地区でも開パの影響によって地域を取り巻く環境が劇的に変化した。そこで，次に開パがいかなる事業であったのかを確認することにしたい。

■3-3　国営開発パイロット事業（開パ）と地域環境の変化

　開パでは，1973年から1988年の15年間をかけて，矢部町と清和村にまたがる山林・原野488haを切り開き405haの農地造成が行われた。既存農地の区画整理128haも含めて，総計で500ha以上の農地が整備され，200世帯を超える農家が参加した。総費用は約125億円にのぼり，そのうち9割を国と県が，残りの1割を受益者である農家が負担した[3]。

　事業の誘致にあたっては，当時の町長を中心に役場による積極的な働きかけがあったといわれている。インフラ整備の進まないA地区およびその周辺地区の生産基盤と交通網を同時に整備し，町の農業の核となる地域を形成することを目指してのことだった。そのため，町有林の払い下げも広範囲にわたって行われ，A地区の農地面積は飛躍的に拡大した。その恩恵を受け，キャベツ等の高冷地野菜を大規模に生産する農家も登場する。こうした農家が，集落や自治振興区の役職を積極的に引き受け地域社会のリーダー的存在となっている。

　開パでは農地や用水路のほか，延べ62kmの農道も造成された。これによって浜町までのアクセスも大きく改善した。同時期には4輪駆動の軽トラックも導入され，高台にある開拓された畑にも車で行けるようになった。また，構造改善事業によって集落周辺の圃場整備も行われ，農作業の省力化も進んだ。こうした農業の近代化や交通における利便性の向上によって馬や牛を飼う農家が激減し，矢部農家の特徴として山本が強調した複合経営は解体していった。

　もちろん，開パの影響は肯定的なものだけではなかった。ワークショップで住民が語ったところによれば，当時はまだ「農業に期待が持てる時代」であり，農家の規模拡大へ向けた意欲も大きかった。E集落では重要商品作物だった栗

の木まで伐採し，農地拡大を目指した。こうした強い期待からか，計画が開始されると当初想定されていなかったような土地まで対象範囲が広げられていった。そのため，負担額は徐々に上乗せされていき最終的には高額となったうえ，無理をして造成した農地が利用されないまま放置されるという事態も生じた。一部には，灌漑設備が十分に整っておらず，全体の 9 割以上が耕作放棄となっている団地もある。

　こうした事業規模の拡大やその後の農業不振は，農家の経済的負担を過酷なものとした。毎年の用水路管理費や農地造成にかかる賦課金を支払えない農家も年々増えていき，償還期限を迎えた 2014 年の段階で未納額は 1 億 8965 万円にのぼっている（熊本日日新聞 2014 年 3 月 21 日朝刊）。この経済的な問題は，農家どうしの関係にまで影響を与えた。ある農家は，賦課金を支払えない農家との間に「みえない壁ができた」と話す。支払いを催促しに来たと誤解されそうで，以前のように気軽に行き来ができなくなったからだという。その他にも「川に土や農薬が流れ込みホタルや魚が激減した」，「土砂崩れなどの災害が起きやすくなった」など，自然環境への影響に言及する住民もいた。

■3-4　町村合併の影響

　開パ以降も，A 地区の地域社会構造に影響を与える出来事がいくつか発生した。とりわけ，山都町の成立は A 地区の暮らしや地域社会にとって重要な意味をもつものだった。ここでは合併前後に起こった 3 つの出来事に分けて，その影響を整理しておきたい。

　第一に，自治振興区の設置である。A 地区の場合，様々な共同作業等は現在でも集落単位で実施されており，自治振興区が集落活動に直接与えた影響はほとんどない。ただし，自治振興区の独自事業のなかには，ふるさと祭りやビーチバレーボール大会など，多くの住民が参加するイベントもある。したがって，生活拡充という意味では，地区の住民にとって重要な機能を果たしている。

　第二に，合併直前の 2005 年 3 月に起こった，統廃合に伴う地区の小学校の閉校である。1874（明治 7）年に創立され 130 年以上の歴史のある学校の消滅は，

多くの住民にとって青天の霹靂ともいうべき出来事であった。農山村における小学校は地域社会の共同性の基盤であり，その統廃合は地域の人口流出にもつながるとの指摘がある（若林 2013）。A 地区の場合，小学校跡地は保育所や自治振興区の会議室，ビーチバレーボールの練習場等として引き続き住民生活の中で利用され続けているため，共同性の基盤としての機能は残された。しかし，追加調査では，近年，保育所が閉鎖され小学校跡地の利用が著しく縮小していることが明らかとなり，今後，負の影響が拡大する可能性もある。

　第三に，農協の合併である。A 地区では，山本調査時点において，正会員数が 200 名にも満たない小規模農協が地域農業をけん引していた。農協が主体となってシイタケと露地トマトの生産に取り組み，熱心な指導員が頻繁に家々をまわっていた。農家の側も農協事務所によく顔をだし，情報交換などを日常的に行っていた。D 集落のある農家によれば，山本調査の頃は「シイタケをせにゃあ農家じゃにゃあ」という感覚があり，「公民館や農協にいけばシイタケの話をしとった」という。露地トマトのブランド化にも熱心で，講習会や品評会も頻繁に行われていた。

　その後も矢部町では農協の合併がそれほど進まず，A 地区では一度だけ隣接する地区と合併を経験したものの，小規模農協の伝統が維持されてきた。しかし，1993 年に矢部町内の 3 つの農協が合併し「JA 熊本矢部町」となると，さらに町村合併に先立つ 2001 年には，上益城郡内の他の 3 農協と合併し，「JA かみましき」となった。こうした合併の結果，農家と農協との間の物理的・社会的な距離は次第に拡大していった。今では講習会もほとんど開催されず，農協職員の姿もみえなくなったという。そのうえ，A 地区内の旧支所跡にある給油所と ATM についても廃止が検討されている。こうした変化について，「農協は金貸しになってしまった」と嘆く農家もいた。

　このように，農協の合併は，農業を核とする地域社会の統合を大きく掘り崩す出来事だった。山本は調査報告のなかで，近代化の進展に対応して所得を獲得するための合理的経営の必要性を認めながらも，集落の地域社会と人間性維持のために複合経営を継続させていく必要性を唱えた（山本前掲書：167）。し

かし，実際には開パによって複合経営は解体され，農協の合併という追い打ちによって，農業生産を軸とする集落の共同性の大部分は失われていった。

第4節　D集落における住民の生活と地域社会

　開パや町村合併を経た現在，2つの集落の住民の暮らしと集落組織はどのような状況にあるのだろうか。少子高齢化や人口減少の影響を受けるなか地域社会は維持されているのか。ここからは現在の集落の状況を確認していきたい。

■4-1　D集落の現状

　まずD集落の現状から確認していく。D集落は人口154，世帯数41といずれもA地区最大で，年齢構成も相対的に若く（図4-1），高齢化率は33.1％と町全体の平均より5ポイント以上低い。1世帯あたりの平均世帯員数は3.76と大きく，単独世帯はわずか1割にとどまるのに対し，3世代以上が同居する世帯は4割にものぼる（図4-2）。

　農業経営についてみると，集落の半数にあたる21世帯が専業農家で，残りは兼業農家と非農家がそれぞれ10世帯ずつとなっている。現在でも農業が集落の主たる収入源であり，水稲とトマトを軸にシイタケや花卉などを組み合わせる農家が多い。経営面積も比較的大きく，31世帯の農家のうち13世帯が3ha以上の規模を誇る。20歳代や30歳代の後継者が同居している農家も11世帯と多い。

　集落の自治組織については，表4-2に示した山本調査時の役職が概ね維持されており，役員は輪番制である組長を除いてすべて年度の初めの総会において適任者が選出される。過疎集落において役職を引き受けられる人材が減少し，集落活動が低迷するケースもみられるが，50歳代の層が厚いD集落ではそうした心配もない。年間の区費も1戸あたり年間10,000円と少なくない額であり，共有地については牛馬を飼う農家は減少したものの，集落の牧野組合が所有する70haほどの原野が残っている。

図4-1　D集落の人口構成

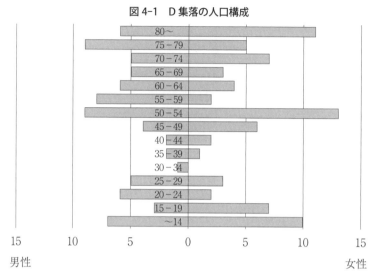

男性　　　　　　　　　　　　　　　　　　　　　　　女性

（出典）ワークショップ調査をもとに筆者作成

図4-2　D集落の世帯構成

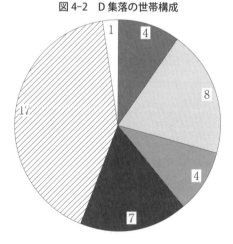

■単独　■夫婦のみ　■2世代（老親と親世代）　■2世代（親と子世代）　⊠3世代以上　□その他

（出典）ワークショップ調査をもとに筆者作成

　集落活動も盛んで，共同作業として道路と河川の清掃（草刈り）を年2回実施している。このうち1回は，開パで開墾された農地までの草刈りであり，所有者のみが参加する。祭礼などの行事についてみると，集落内の5つの御堂については，3つの組単位で毎年，春・冬に祭りが開催されている。集落にある寺では春・秋の彼岸の中日に彼岸会が開かれるが，集落のほとんどの世帯が檀家となっているため，これも集落の行事に近い。その他，長男会，若妻会，老人会のような年齢階梯集団も維持されているものの，長男会はメンバーが消防団と重複していることもあり活動が低調になってきている。以前は，毎月会合を開き，祭りでバンド演奏をするなど活発に活動していた。女性グループについては，年齢の近いものどうしでいくつかの集団に分かれており，公民館や町内のファミリーレストランに集まったり農閑期に観光地へ旅行をしたりしている。老人会についても後述の通り様々な活動を実施している。その他，友人どうしでの娯楽を目的とした講も盛んに行われている。

■4-2　D集落における集落の縮小

　以上のように，D集落では開パ以前とそれほど変わらない集落組織や活動が維持されているようにみえる。とはいえ，まったく変化がなかったわけではない。担い手や共同性の縮小とも捉えられるような状況も一部生じている。

　例えば，農業についてみると，専業農家が多く後継者の確保が比較的進んでいる一方で，経営の見通しは厳しく「親世代が借金をして農地を拡大したから，仕方なく農業を続けている」と語る農家もいた。さらに，ここ数年，結婚を機に集落を出る農業後継者たちが増加しているという。このまま生業の基盤が失われ若壮年人口の流出が続けば，集落の担い手が減少し共同性の基盤が掘り崩されてしまう可能性が高い。

　また，農業生産に関わる共同性の縮小は顕著で，公民館の農業関連部会組織はすべて廃止された。複合経営の解体によって家畜を飼う家が減り，「うまんこまつり」のような関連行事も開催されなくなった。このように，開パによる開発で農業の近代化が促進されたことで，農業経営に関して集落内の農家どう

しで共同することの意義は低下していった。さらに，開パの賦課金返済をめぐって，農家どうしの関係に亀裂が生じたこともすでに指摘した。D集落は専業農家が多数を占めるにもかかわらず，生産に関わる共同性について縮小を免れなかった。

その他にも，集落の共同性の基盤のいくつかが失われつつある。一例をあげれば，かつて休日にはたくさんの人々がおしよせ，住民の交流の場となっていた商店（酒屋）が，2015年に閉店した，地区単位では，前に触れた農協支所跡の閉鎖や小学校統廃合の他，老朽化が進んだ神社の再建の目途が立たないなど課題も発生している。このように，かつて重要な意味を持った住民どうしのコミュニケーションの場が，物理的に失われつつある，さらに，2020年から続く新型コロナウイルス感染症の影響を受けて，祭りや共同飲食の中止などの措置が取られている。このような出来事による断絶を経て，今後，集落活動が以前と同様の形で再開できるのかは未定である。

以上のような変化は，集落の一部の機能についてその必要性が低下し，担い手や場所の確保が困難となって共同性が縮小していく過程と理解できる。しかし，こうした縮小の側面のみをみて，単純に集落の消滅危機と結びつけてはならないだろう。新たに生じた共同の必要や，それに応じた新しい担い手と共同性の創出が生じている可能性もあるからである。次に，その点について確認してみたい。

■4-3　D集落における新たな共同性の創出

まず，生業に目を向けてみよう。前述のように，農業経営に関しては否定的な見通しが語られ，集落単位の共同性も縮小している。しかしながら，専業農家のうち7世帯に20歳代・30歳代の若い後継者がおり，一部の農家はさらに経営を拡大させたいと考えている。さらに，こうした若年後継者たちは，確かに生産にかかわる集落の共同に対する関心はそれほど強くないものの，他の側面については，その必要を必ずしも否定していない。

水稲とキャベツ，花卉を生産している専業農家の後継者H氏（30歳代・男性）

は，地元の矢部高校農業科を卒業後，阿蘇郡内の専門学校で畜産を学びUターンし，父親（60歳代）のもとで家の農業経営を手伝うようになった。父親は開パに合わせて主要な商品作物をピーマンと露地トマトからキャベツに切り替え，経営を拡大させてきた。H氏はこれに加えて花卉を導入した。オリジナル品種を開発することで販路の確保ができると考えてのことだった。現在では両親がキャベツを担当し，花卉はH氏と妻に任されている。経営面積は約3haで，花卉についてはさらに拡大したいという。こうしたH氏の農業観は，「選択的拡大によって利益追求をめざす」ものに近いといえる。そのことを反映してか，H氏は花卉の生産・品種開発のため，専門的な技術をもつ農家とネットワークを構築し連携をはかっており，集落内のつながりよりも，そちらの方が経営上重要であると考えている。しかし，だからといってH氏が集落活動に消極的というわけではない。消防団やサッカーなど集落内の若者たちが集まる機会にはいつも顔を出しており，集落の将来について同年代の仲間と話をする機会も少なくないという。このように，H氏にとって，生産にかかわる共同性の必要は低下しても，集落の仲間との関係がもたらす情緒的な支援は，現在でも重要な意味を持っている。

　あわせて，近年，顕在化してきているという農業後継者の転出についても触れておきたい。彼（女）らの多くは転出後も農作業のために集落へ通ってきており，住民たちはこれを「通い農業」と呼んでいる。ここで重要なことは，通い農業が新しい家族農業の形態として集落の中でも次第に認められるようになっていることと，通い農業型の後継者の多くが転出後もそれまでと同様，集落活動への参加を続けているということである。したがって，通い農業型の後継者たちは実質的に集落組織の構成員であり，集落の住民もそのことを認めている。生活様式の変化に応じて結婚後の両親との同居に抵抗が高まるなか，こうした農家の対応は，集落の縮小や衰退というよりも持続のなかでの変化と捉える方が妥当といえるだろう。

　生業ということでいえば，農外就労についても確認しておく必要があるだろう。D集落でも兼業や離農を選択する世帯が徐々にだが増えつつある。就業先

としては，世帯主である男性を中心に，役場や農協，森林組合が目立つ（6世帯）。農業経営の不安定さを補うため，多様な収入源を組み合わせるという方法は魅力的であり，以前も「ダシヤマ」が重要な収入源となっていたことを考えれば，農業以外の収入源を確保するという知恵は，A地区にこれまでも存在していたといえる。兼業や離農の拡大は集落活動にとって負の影響が強調されがちだが，今回の調査では肯定的な影響についても語られた。例えば，自治振興区の業務については，書類の作成等において役場職員などの事務作業に慣れた人材の果たす役割が大きい。集落活動に必要な財源を確保する手段が変化したことで，農外就労者の持つ技能が，集落を支える重要な意味を持つようになったのである。

　次に，限界集落論において共同性後退の原因とされる高齢化の影響も確認しておこう。D集落では老人会の活動が非常に活発であり，週に1回のゲートボール，月に1回の例会（講演会と食事を持ち寄っての昼食会），年に2回の道路清掃と一泊旅行を実施している。会長のG氏によれば，現在，会員は45名で参加率は非常に高く，最年長は93歳だという。ただ，会員の確保には苦労しているとのことで，その主な理由は「『70代前半はまだまだ現役』でみんな多忙だから」だという。確かに，ワークショップの結果をみても60歳〜70歳代前半が重要な農業労働力となっている世帯が目立つ（18世帯）。このように，D集落では，多くの高齢者が可能な限り農作業や集落活動への参加を継続しており，限界集落論で描かれる高齢者像（例えば大野 2007）とはかなり異なっている。

　しかし，もちろん，高齢期に入ると様々な生活課題に直面し，支援が必要となる場合もあるだろう。そこで注目されるのが他出子との関係である。ワークショップの結果を集計してみると，60歳以上の成員のみで構成される11の世帯について，1世帯を除いて熊本市など近隣の市町村に他出子や親族が住んでおり，7世帯については家事や買い物，農作業の手伝いなど生活支援を受けていた（うち2世帯は集落内に子どもたちが居住）。なお，高齢者のみ以外の世帯も含めて，他出子や親族に農作業を手伝ってもらっているという事例が11世帯

あった。他出子は地域農業にとっても重要な担い手となっている。

　最後に，集落に1世帯存在するIターンについても触れておきたい。I氏（50歳代・男性）は田舎暮らしに強いあこがれを持ち，それまで勤めていた会社を退職し移住してきた。現在は趣味を生かし，自営で木工業を営んでいる。集落での生活はどうか尋ねてみると，I氏が以前住んでいた首都圏よりも暮らしやすいという。渋滞もなく車さえあれば各種機関に簡単にアクセスできるうえ，週に2回移動販売もやってくるので買い物等の不便を感じたこともない。保育所の待機児童もなく小学校には学童保育の制度も整っていて子育てもしやすい。さらに，移住後すぐに長男会に誘われ，そこから同年代の仲間ができて，周囲との関係も上手くいっているそうである。野菜などをお裾分けしてもらうことも，しばしばあるとのことだった。I氏は現在，公民館の役職を任されるなどなど，集落の重要な担い手の一人となっている。

第5節　E集落の集落構造と住民の生活

■5-1　E集落の現状

　ここまで状況を確認してきたD集落は，A地区内でも相対的に農業の経営基盤が強固で，若年人口の流出が少ない集落だった。ここからはこれとはやや対照的なE集落についてみていこう。まず，E集落の人口は79，世帯数は25と，いずれもD集落の半数程度である。年齢別の構成をみると，20〜40歳代の若壮年層が非常に少ない（図4-3）。そのため，高齢化率も41.8％とD集落より10ポイント程度高くなっている。数字だけみれば，55歳以上が人口の50％を超える準限界集落である。住民も高齢化が進んでいることを強く意識しており，ワークショップの際には「うちのムラは限界集落だから」と話す住民もいた。

　世帯構成をみても，単独と夫婦のみの世帯が3割強を占め（図4-4），集落の3分の2の世帯が3人以下となっている（平均世帯員数3.16人）。2世代以上が同居する世帯についても，その大半が50歳代の夫婦と80歳前後の老親からなる世帯である。農業については，兼業化と離農が進んでおり，専業農家4世

図 4-3　E 集落の人口構成

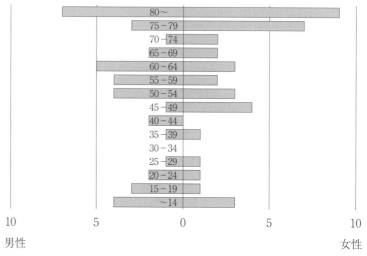

（出典）ワークショップ調査をもとに筆者作成

図 4-4　E 集落の世帯構成

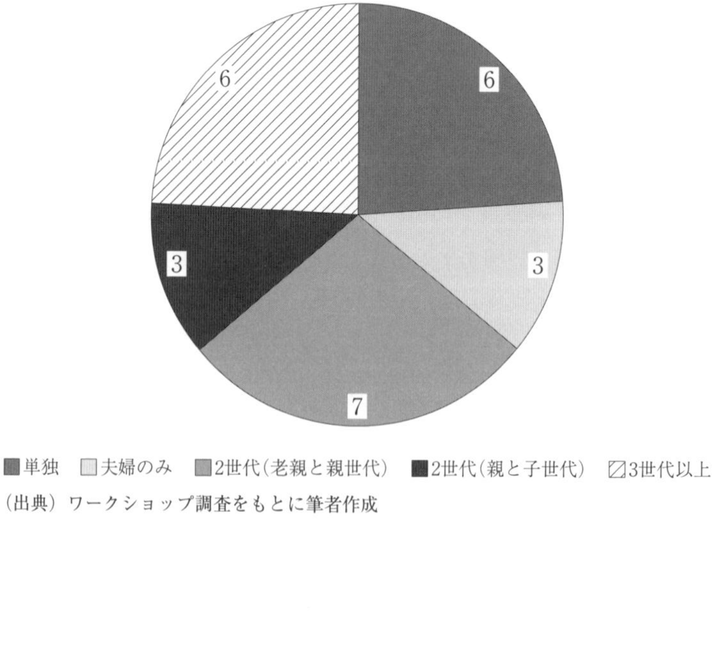

■単独　□夫婦のみ　■2世代（老親と親世代）■2世代（親と子世代）　☑3世代以上

（出典）ワークショップ調査をもとに筆者作成

帯（うち2世帯は高齢者夫婦の小規模専業農家）に対して，兼業農家15世帯，非農家6世帯となっている。こうした状況のためか，世代継承についても屋敷や農地の後継者について見通しが立っていないと答える世帯が多かった。「農業が儲からないなら，わざわざここに住んどる意味がない」，「家の跡取りをさがそうという気にならない」とワークショップの参加者の一人は語っていた。

　では，なぜ，E集落ではD集落よりも急速に兼業化と離農が進み，若壮年層の流出が起こったのか。その原因のひとつとなったのが，開パによる農業経営環境の変化である。開パ以前までE集落のほとんどの世帯が，水稲，陸稲，牛，山林を組み合わせる複合経営を営んでいた。小規模な「水呑百姓」と呼ばれる農家の多い地区だったが，露地トマトや栗など商品作物の導入に早い段階から取り組んだことや，冬場に建設業の日雇い仕事を探すのも容易だったことから，それなりの暮らしができていたという。当時は時間にも余裕があって，暇さえあれば集落のメンバーで集まり男女問わずソフトボールに熱中していた。

　しかし，開パによって複合経営が解体され大規模化が進むと，小規模だったE集落の農家はそれに見合った投資ができず，農地を貸して勤めに出るという選択をするものが増えていった。農地条件に恵まれたため借り手も容易にみつかったことや，そもそも農業だけで生計を立てるという意識があまりなく，勤めに出ることへの抵抗が少なかったこともこれを後押しした。

　このようにE集落では，開パの意図せざる結果として農業離れが進んだ。現在，3ha以上の経営規模を有し，畜産や減農薬野菜等の生産により比較的大きな農業所得を得ているのは，専業農家2世帯と兼業農家1世帯のあわせて3世帯のみである。他は，1ha以下の稲作と家庭菜園という自給的な小規模農業経営に，農外就労を組み合わせている世帯が多い（11世帯）。5世帯については農地の全部または一部を貸し出している。

■5-2　E集落における住民生活と集落の変化

　ここまでの記述してきた状況から，E集落は高齢化や人口減少の影響が大きく，集落の維持に関して難しい状況に立たされているようにみえる。しかし，

実際に集落の状況について聞き取りを行ってみると，E集落の集落活動は，山本調査からそれほど変化のないまま現在まで継続されていることがわかった。集落組織については，区長（会計を兼任）と公民館長のほか，3つの組ごとに組長と区有林の役員がおかれている。年中行事も，共同作業として年に2回，道路・河川の草刈りを行い，12月24日の村祭りや春・秋の彼岸の祭りも開催している。また，公民館組織のなかには婦人部，若妻会，子ども会，後継者会，中年会，老人会という性別・年齢別の部会があり，それぞれに活動を行っている。

　もちろん，従来の活動の一部が縮小しているのはD集落と同様である。集落内に点在していた御堂については，組単位での管理が難しくなり公民館内に合祀されたほか，公民館組織にあった農業生産の関連部会については廃止された。とはいえ，生活に関わる共同は概ね維持されており，さらに今回の調査では，住民が独自に資料収集を実施するなど集落側の主体性も目立った。

　では，どのようにして，高齢化の進展するなかでE集落の組織や活動が維持されているのか。D集落と同様，ここでも新たな担い手や共同性の創造に着目してみたい。まず注目されるのが，女性の存在である。E集落は隣接する別の集落とひとつの行政区を構成しているが，調査当時この行政区の区長を60歳代・女性のJ氏が務めていた。女性の区長は，山都町内では極めて珍しい。J氏は町内出身で，E集落の兼業農家の夫と結婚。その後，役場に勤務する傍ら公民館や集落，農協の活動に積極的に関わり，様々な役職を経験してきた。E集落では，区長を役員による協議によって選出しているが，これからは女性の力が必要と前執行部が判断しJ氏に白羽の矢が立った。E集落では兼業化が進むとともに女性が農業経営の主要な担い手となっていたため，田植え機やトラクターを乗りこなす女性も多い。前執行部の一人は，こうしたことが女性を区長にという機運につながったと語っていた。

　次に注目されるのが，退職者やUターン者が結成した任意団体の存在である。この団体は，元営林署職員で定年帰農したK氏と，その同級生で集落に住む退職者L氏が結成した団体である。子どものころ両親が生業としていた炭焼きを再開しようと，自分たちで窯作りをはじめたことがきっかけだった。炭焼

きやシシ肉 BBQ 等を開催するうちに同年代の退職者仲間が加わり，やがて地域づくりまで活動の範囲が拡大していった。今では，ボランティアで里山の間伐等の環境整備を進め，子どもたちを招いての交流活動を実施するための場づくりを進めている。集落の共同作業の際も，参加の呼びかけや作業の段取りなどの役割を担っており，団体に対する住民の信頼は厚い。

　最後に，D 集落と同様，集落外との関係で注目すべきが他出子の存在である。E 集落は集落の高齢化と人口減少が進展している分，他出子たちによる生活支援の重要度が相対的に大きい。今回の調査では E 集落全体で延べ 39 人の他出子が確認されたが，その約半数にあたる 19 人が月に一度以上帰省し，うち 6 人については家事や農業を手伝う等の生活支援を提供していた。とりわけ支援が必要となりやすい全世帯員が 60 歳以上の単独および夫婦のみ世帯に着目すると，8 世帯のうち 7 世帯に，熊本市を含む近隣の市町村に頻繁に帰省する他出子がおり，そのうち 3 世帯については他出子が農作業や家事などの手伝いをしてくれていると答えている。他出子のいない残りの 1 世帯についても，町内に住む姉妹とその家族が生活上頼りにできるという。こうした家族・親族関係を通して，高齢者世帯の生活課題がうまく処理されているためか，日常生活に関する困りごとを挙げる高齢者はみられなかった。

　さらに他出子は，集落活動の担い手でもある。筆者が共同作業の河川清掃に参加した際，熊本市に住む 30 歳代の女性が両親に代わって作業に参加していた。話を聞いてみると頻繁に実家に帰省しており，共同作業に参加することがこれまでもあったという。子どもたちも集落のことは気になっており，たまに行事に参加すると，実家以外の情報に触れられるのがよいとのことだった。他出子の行事参加は，自治振興区のふるさと祭りのようなイベントでも目立った。

第6節　現代農山村集落の変容と新たな共同性の創造

　ここまでみてきたように，両集落は全く異なる性格を有しており，開パや町村合併にともなう生活環境の変化が真逆の影響を引き起こしているにもかかわ

らず，少子高齢化と人口減少が続く現在でも集落組織やその活動を維持していた。集落消滅論は高齢化や人口減少によって地域社会における共同性が解体されると想定する。しかし，集落で生活する住民たちは，そうした人口構成の変化だけでなく，生業，生活圏などに関連する環境の変化に適応し，新たな担い手の発見を通して新しい共同性を創造してきた。

　このような集落の変化の方向性を一般化すれば，①農林業で生計を立てる必要があり専門機関の利用が限られた時代の生存に関わる共同から，生業の多様化や専門機関の提供するサービスの利用が一般化したことを反映した生活拡充型の共同への移行，②既存の集落組織の担い手や活動内容の見直しと，他出子を中心とする集落外に広がるネットワークを生かした共同性の広域化，と整理できるだろう。高齢化や人口減少が相対的に進んでおらず，専業農家の多いD集落でも，こうした方向での変化が確認されている点は注意されてよい。なお，この①と②の方向性はある種の親和性があり，共同の目的が変化したことで，集落外部の人々との連携が容易になったという側面もある。里山が希少な生業資源であった時代には，そこを集落外の人々と交流活動を行う場として整備しよう，という考えが生じることはなかっただろう[4]。

　もちろん，現代の農山村集落において生存に関わる共同の意味が完全に失われたわけでもなければ，過去において生活拡充型の共同の必要性や集落外とのネットワークからの支援が存在しなかったわけではない。また，限られた事例から過度の一般化を行うことも慎まねばならないだろう。とはいえ，事例分析をもとにこうした方向性を示すことによって，高齢化や人口減少による集落消滅を強調する議論や，産業振興を通した人口の獲得を目指す地域政策を相対化することにつながり，農山村集落の生活に現実に関わっている主体（住民，他出子など）の側から，変化しつつも生きている「ムラ」について把握する視点が開けてくるように思われる[5]。

　本章のここまでの議論や主張にはもちろん異論もあるだろう。第一に，ここで述べられているような新たな共同性とは当座のものでしかなく，持続不可能ではないかという批判が考えられる。これについては，共同性の創造を通して

暮らしの場としての魅力が担保されているということは，当然，集落への移住者の確保にとって良い材料となることを指摘しておきたい。それに，時代に適応して変化していくのが生活の特徴であるとすれば，特定の共同性の維持にこだわる必要は必ずしもないだろう。集落消滅論は従来の共同性やその地理的空間上の範囲を絶対化して，特定の空間における人口量と年齢構成の変化から，地域社会や共同性の崩壊を予測する傾向にある。これに対し，本章では，社会変動とともに生じた共同の目的の変化や，共同性が発揮される空間的範囲の拡大に目を向けてきた。

　第二に，他出子などへの依存は，彼（女）らに対して過度な負担を強いることになるのではないかとの指摘もあり得る。こうした議論への応答としては，集落と他出子との関係の双方向性を強調しておきたい。親と他出子の間の共同性から恩恵を受けるのは，決して親のみではない。近年，農村移住や農村生活への関心の高まりも指摘されており（小田切・筒井編著 2016），他出子たちも都市で生活しながら農村とのかかわりを維持することに魅力を感じることも少なくないように思われる。実際，ワークショップでも他出子の帰省について，「手伝いはしない。ただ遊びに帰ってくる」や「野菜を持って帰る」等，他出子が何らかのメリットを得ていることを示唆するような話を聞くことができた。

　以上のような新たな担い手や共同性も，決して盤石なものではないことはいうまでもない。他出子との関係については様々な要因によって途絶えてしまう可能性もあるし，自然災害など思わぬ出来事を通して生活の基盤が揺らぐこともあるだろう。それにこうした共同性に制度的な裏付けが存在するわけでもない。その意味では，いかにここまで描いてきたような生活の中の共同性を意識化し，農山村生活やそこにかかわることの魅力や価値を発見していくのかが，これからの農山村の社会分析において重要な課題のひとつとなるかもしれない。

第7節　これからの地域再生にむけて

　本章では，熊本県上益城郡山都町 A 地区の 2 集落を事例に，現代農山村集

落の変化について住民生活に着目しながら議論してきた。そのうえで，正反対の性格を有する2つの集落において，地域社会における共同の目的の変化と共同性の空間的拡大という，同様の方向性を持った変化が生じていることを明らかにした。

　これほどまでに高齢化が進み，危機が喧伝されているにもかかわらず，農山村集落がそれほど消滅していないことは驚くべきことである。加えて住民たちが，集落での暮らしに魅力を感じていることも事実である。A地区での調査を終えて，ある住民が「今回の調査を通してムラの生活も悪くないと感じた」，という感想を述べてくれた。こうしたことを踏まえたとき，現代農山村集落で生じている現象を，衰退以外の観点から捉えていく「まなざし」も必要のように思われる。

　とりわけ，地域再生との関連からも，こうした分析は極めて有意義であると考える。生活基盤の解明をとおして多様な共同性の存在を顕在化させ，それに対する人々の関心を喚起することにつながるからである。そのようなかたちで連帯を意識化してゆくことが，よりよい共同性の構築という意味での公共性の涵養にもつながるのではないだろうか[6]。

【注】
1) 自治振興区へは公民館活動や道路の清掃などを行うことを条件に，役場から毎年290,000円＋世帯数×400円の基本額に，公民館活動などへの補助を加えた額が支給されている。金額の目安としては，団体の規模に応じて年間60万円〜150万円程度となっており，平均は約95万円，全体で年間約2,650万円となっている。この補助金の用途は自由度が極めて高く，本章で紹介する調査もA自治振興区の予算から補助をえて実施した。
2) D集落とE集落の他，F集落でも調査を行った。F集落はD集落とE集落の中間的な性質の集落であった（生業についてはD集落と近く，人口や世帯の構成についてはE集落に近い）。なお，本章では後ほど参照する過去の調査報告の資料が参照できることと，対照的な性格を有することの2点から，D集落とE集落を取り上げることとした。
3) 以下の記述は，矢部開パ土地改良区より提供された資料（「九州農政局矢部開拓建設事業概要書」など）にもとづいている。

4）以上の考察にあたって，徳野（2015, 2021）の「修正拡大集落」と「ポスト農業社会」という概念を参考にした。本章の事例にみられるような他出子との関係を中心とする集落外とのネットワークをベースとした，生活拡充型の共同性の構築は，ポスト農業社会における修正拡大集落の典型的傾向とみなすことができる。

5）かつて米山俊直（1967）は，戦後の近代化論を批判しつつ，高度経済成長期の農村の家族・地域社会で生じている現象を「解体」ではなく，「環境への適応」として捉える必要があると論じた。また，米山は「近代化」という言葉が官庁用語となり，その推進にむけて「予算のうらづけ」がなされるようになったことで濫用を招く結果となったとも指摘している。このような米山の議論は，現代の「限界集落」や「地方消滅」という言葉を考えるうえでも極めて重要であるように思われる。

6）この点については，松本（2015）においてより詳細に論じている。

【参考文献】

秋津元輝（2013）「『撤退』しない農村を支える論理」『農業と経済』79(1)：36-45

林直樹・齋藤晋編（2010）『撤退の農村計画——過疎地域からはじまる戦略的再編』学芸出版社

増田寛也編著（2014）『地方消滅——東京一極集中が招く人口急減』中央公論新社

松本貴文（2015）「新しい地域社会調査の可能性」徳野貞雄監修，牧野厚史・松本貴文編『暮らしの視点からの地方再生——地域と生活の社会学』九州大学出版会：85-108

小田切徳美（2009）『農山村再生——「限界集落」問題を超えて』岩波書店

————（2014）『農山村は消滅しない』岩波書店

小田切徳美・筒井一伸編著（2016）『田園回帰の過去・現在・未来——移住者と創る新しい農山村』農山漁村文化協会

大野晃（2005）『山村環境社会学序説——現代山村の限界集落化と流域共同管理』農山漁村文化協会

———（2007）「限界集落論からみた集落の変動と山村の再生」日本村落研究学会編『むらの社会を研究する——フィールドからの発想』農山漁村文化協会：131-138

高橋明善（2006）「村の協同性と『自然村』」『村落社会研究』13(1)：1-12

徳野貞雄（2015）「人口減少時代の地域社会モデルの構築を目指して」徳野貞雄監修，牧野厚史・松本貴文編『暮らしの視点からの地方再生——地域と生活の社会学』九州大学出版会：1-36

————（2021）「戦後日本の農村社会学は，何を追いかけてきたのか」『社会分析』48：27-29

若林敬子（2013）「学校統廃合と人口減少社会・むら」『村落社会研究ジャーナル』19(2)：1-13

山本努（2017）『人口還流（Uターン）と過疎農山村の社会学（増補版）』学文社
───（2019）「地域社会学入門／過疎農山村研究から」山本努編著『地域社会学入門──現代的課題との関わりで』学文社：39-88
山本陽三（1981）『農村集落の構造分析』御茶の水書房
山下祐介（2012）『限界集落の真実──過疎の村は消えるのか？』筑摩書房
山下祐介・金井利之（2015）『地方創生の正体──なぜ地域政策は失敗するのか』筑摩書房
米山俊直（1967）『日本のむらの百年』NHK出版

第5章
過疎農山村地域における高齢者の生きがい
——大分県中津江村 1996 年調査・2007 年調査・2016 年調査から——

第1節　高齢化の進展と生きがい

　日本における高齢化率（65歳以上人口比率）は2020年には28.8％となった（内閣府 2021）。高齢化率は，1950年には4.9％であったが，1970年7.1％，1990年12.1％，2010年23.0％，2020年28.8％と急速に進んできた。さらに，日本人の平均寿命は，1950年には男性58.0歳，女性61.5歳であったが，1970年には男性69.3歳，女性74.7歳，1990年には男性75.9歳，女性81.9歳，2010年には男性79.6歳，女性86.3歳，2019年には男性81.4歳，女性87.5歳とこちらも大きく伸びている。このようななか，人口の多くを占める高齢者について，生きがいを持った生活をしているのかを論じることは重要である。平均寿命の伸びによって人々は長い高齢期を過ごすようになったが，ただ長生きができれば良いのではなく，生きがいを持った生活が送れるかどうかを考えていく必要があるだろう。

　高齢者の生きがいについては，それぞれの調査によって調査対象や質問項目の尋ね方が異なるため，比較して一概に高い，低いということはできないが，全国調査（「高齢者の日常生活・地域社会への参加に関する調査」）においては，60歳以上の約7割（73.2％）が生きがいを感じているとされる（内閣府 2022）[1]。基本的には多くの高齢者が生きがいを感じているが，全国調査における高齢者の生きがいは近年低下しており，高齢者の生きがいについて注視していくことが求められているといえよう。

　このような状況を踏まえ，高齢者の生きがいに関する研究をふりかえってみると，詳しくは後述するが，これまで多くの研究が対象としてきたのは都市高

齢者であり，農山村高齢者の生きがいについては十分に検討されてきてはいない。一方で，都市高齢者と農山村高齢者では，生きがいをめぐる状況が大きく異なると考えられる。交通面や買い物など様々なサービスが充実している都市部に比べ，農山村においては，公共交通機関など各種サービスは十分ではなく，高齢者は通院や買い物などに困難を抱え，厳しい環境におかれている。加えて，農山村においては，人口減少と高齢化率の高まりが同時に進んでいる。このような環境におかれている農山村高齢者の生きがいはどのようになっているのだろうか。本章では，過疎農山村地域における高齢者の生きがいをめぐる状況について検討する。

過疎農山村地域における高齢者の生きがいの実態を見ていく前に，生きがいという言葉について考えてみると，定義するのが難しい言葉ではあるが，「生きるよろこび」（神谷 2004：18）や「生存充実感」（神谷 2004：23），目標に向かって生活する緊張感（鈴木 1983），生きることの意味や価値が感じられること（見田 1970）など，これまで個人の主観的な心の状態として説明されてきた。また，生きがいを個人の幸福感にかかわるものと捉え，主観的幸福感を測る尺度である PGC モラール尺度などを用いて，複数の質問項目（「今の生活に満足していますか」や「さびしいと感じることがありますか」など）の統合によって幸福度を測定する方法も用いられてきた（直井 2001）[2]。

しかし，生きがいを「生きるよろこび」（神谷 2004：18）と広く捉えたうえで研究の対象とした場合にも，難しさが存在する。生きがいというのはそもそも，人は意識しないことが多いものであり，「生きがいは何ですか」や「生きがいを感じていますか」と尋ねてみても，「生きがいですか。考えたことないねえ」という答えが返ってくるのである。そして少し間をおいて考えてから，「子や孫かねえ」と答えられることが多い。「生きがいは何ですか」との問いには，どこか人は生きがいを持って当たり前で，あなたが生きがいの源泉としているものは何ですか，と尋ねる響きがある。しかし，そもそも多くの人は生きがいを日常的には意識していないため，この問いに対してすぐに答えられないからといって，生きがいを感じていないということを意味しない。むしろ，人が日々

生きがいを考えなければならない状況とはどのような状況であるのかをあらた
めて考えてみると，自身の生活において生きるよろこびや充実感といったもの
を感じづらくなり，自身の生きる意味を考えざるをえない緊張状態におかれた
場合であると考えられる。そのように考えると，多くの人が日頃から生きがい
を問われ，意識的に考えている社会とは，個人が厳しい緊張状態におかれた社
会であるといえ，むしろ多くの人々が日々生きがいを意識しない社会であるか
らこそ，人々は安心して暮らしているといえよう。

　さて，本章の構成は以下のとおりである。まず，次節にて高齢者の生きがい
に関する先行研究の整理を行う。そのうえで，大分県日田市中津江村での
2016 年の質問紙調査から，過疎農山村地域における高齢者の生きがいの現状
を分析する。次に，高齢者を前期高齢者と後期高齢者に分け，特に生きがいを
感じている割合が低いとされる後期高齢者の生きがいに着目しながら，中津江
村における 20 年間の生きがいの変化を考察する。その際，中津江村における
1996 年，2007 年，2016 年の 3 時点の質問紙調査のデータを利用して検討する。

第 2 節　高齢者の生きがいはどのように論じられてきたか

■2-1　過疎地域高齢者の生きがいをめぐる先行研究

　高齢者の生きがいについては，これまで都市高齢者を対象とすることが多く，
農山村高齢者についてはあまり対象とされてこなかった。前述のように，全国
調査では 60 歳以上の約 7 割（73.2%）が生きがいを感じているとされるが（内
閣府 2022），農山村高齢者はどの程度生きがいを感じているのか。先行研究に
よると，過疎地域においても高齢者の生きがいは決して低くはないという（山
本 2017）。山村限界集落において調査したところ，60 歳以上の約 7 割（72.9%）
が生きがいを感じていることが指摘される（山本 2017）[3]。それでは，なぜ過
疎地域において約 7 割もの高齢者が生きがいを感じているのだろうか。

　全国調査によると高齢者が生きがいを感じる時（複数回答）は，「孫など家族
との団らんの時」（55.3%）が最も多く，「おいしい物を食べている時」（54.8%），

「趣味やスポーツに熱中している時」（53.5％）と続く（内閣府 2022）。全国的に高齢者は家族を最も生きがいとしていることがわかるが，過疎地域高齢者においても，家族の存在が大きな意味を持つことが指摘されてきた（松岡 2005；仲・山本 2015；山本 2017）。過疎地域高齢者にどのような時に生きがいを感じるかを尋ねると，家族団らんの時や，子どもや孫などと過ごす時との回答が最も多いという。

　加えて，世帯別でも，過疎地域高齢者のうち単独世帯では生きがいを感じている割合が低く，三世代世帯において生きがいを感じている割合は高い（仲・山本 2015）。しかしながら，全国的に高齢者世帯における世帯の小規模化が進んでおり，高齢者の生きがいに変化が生じている可能性がある。高齢者のいる世帯における世帯構造の年次推移を確認すると，1986 年には約半数（44.8％）を占めていた「三世代世帯」は，2019 年には約 1 割（9.4％）にまで低下している（厚生労働省 2020）。他方で，2019 年にかけて「夫婦のみ世帯」（18.2％→ 32.3％）や「単独世帯」（13.1％→ 28.8％）が増加している。世帯の小規模化という現状を鑑みると，高齢者の家族と生きがいの問題は重要な論点のひとつになってきているといえ，同居している子世代との交流だけでなく，他出子との交流についても検討する必要があるだろう。先行研究では，他出子について，「近すぎず遠すぎずの近居」（仲・山本 2015：30）が高齢者の生きがいをやや高めることなども示唆されている。

　また，都市と過疎地域の高齢者の生きがいにおいて共通している点としては，家族が影響を与えることのほかにも，健康状態の問題がある。やはり健康状態が良いほど高齢者は生きがいを感じることもこれまで指摘されてきた（仲・山本 2015；長谷川ら 2003）。

　他方で，都市高齢者と過疎地域高齢者の大きな違いのひとつとして，農山村における農業を通した就労が指摘されてきた（高野 2003, 2008；松岡 2005；Ozsen 2008；山本 2017）。都市高齢者の生きがい研究では，就労が生きがいを高めることが指摘されている。しかし，実際の就業率は 60 歳代前半で 71.0％，60 歳代後半で 49.6％，70 歳代前半で 32.5％，75 歳以上では 10.4％と，70 歳代

になると低下する（内閣府 2021）。一般的に高齢期は役割縮小期であり，子育て役割の喪失，定年退職による仕事役割の喪失がある。しかし，農山村高齢者は，60歳代，70歳代でも農業や農作業をしている場合が多く，農業は定年がない仕事であり，生きがいに大きな影響を与えている（高野 2003, 2008；Ozsen 2008）。また，米や野菜などを収穫し，子どもに送ることも生きがいにつながっている（松岡 2005）。一方で，農業が生きがいに結びつくことは，現金収入を得ることができるからという議論では必ずしもない（Ozsen 2008）。高齢者の多くにとって主な収入は年金であり，農業は主な収入とはなっていない。徳野（2011：11）は，「生活農業論」として経済的側面から農業を捉えるのではなく，生活面から捉えることの重要性を指摘したが，高齢者は農業を「お金になるから」やっているのではなく，それ自体が生きがいでありやっているという。

　また，都市高齢者と過疎地域高齢者のもうひとつの違いとして，農山村においては近隣関係が濃密であり団体参加が多く，それが生きがいに影響を与えているという（高野 2003, 2008；松岡 2005；山本 1996；仲・山本 2015）。全国調査（「高齢者の日常生活に関する意識調査」）でも，近所づきあいが緊密な場合に生きがいが高いことが指摘されているが（内閣府 2015）[4]，過疎地域では高齢者は普段から集まってお茶を飲むなど頻繁に交流があり（松岡 2005），老人クラブや婦人会などいくつもの団体に所属し，地域でのお祭りや草取りなどの共同作業や行事への参加も多い（高野 2003；松岡 2005）。過疎地域高齢者の中でも，団体参加が多い場合や（山本 1996；仲・山本 2015），友人や親戚が多い場合に（山本 1996），より生きがいを感じるという。加えて，前述の農業をめぐる論点とも関連するが，農業には稲刈りなどの共同作業や道普請などの共同の労働が不可欠であり，農業協同組合などの地域集団に参加し，何らかの役割を果たすことが期待される（高野 2008；Ozsen 2008）。このように，農山村では高齢期においても必ずしも役割喪失が進まず，近隣関係が緊密であることが生きがいを高めているという。

　さて，過疎地域高齢者の生きがいについては，確認してきたように家族，健

康状態，農業，近隣関係などの論点が指摘されてきたが，まだまだ多くの実証研究が積み重ねられているとはいえない。加えて，現代農山村は変化にさらされ続けており，1970年代の「『若者流出』型過疎」（山本 2017：29）から，1990年代には「『少子』型過疎」（山本 2017：29）が加わり，そして2000年代以降は高齢者さえも少なくなった「『高齢者減少』型過疎」（山本 2017：31）と呼ばれる状況も現れているという。このような変化が生じている中で，現在の過疎地域において実証研究に取り組むことは重要となる。健康状態については，今回の調査では質問項目に含まれていないため検討できないが，本章では先行研究に従い，家族，農業，近隣関係の3つのポイントから，過疎地域高齢者の生きがいをめぐる状況について検討を行う。

■2-2　後期高齢者の生きがいをめぐる先行研究

　高齢者の生きがいについて，全国調査からは年齢が上がるにつれて生きがいは低下していることがわかる（表5-1）（内閣府 2004，2009，2014，2022）[5]。2021年についてみてみると，生きがいを感じている人々の割合は，60歳代では約8割だが，80歳以上では約6割（62.7%）である。続けて，生きがいの調査年による推移を確認すると，前期高齢者では生きがいは近年低下しているのに対し，80歳以上の人々では生きがいは2013年にかけて高まり，2021年では低くなっている。生きがいに関する先行研究では，高齢者の中でも後期高齢者の生きがいの相対的な低さが以前から指摘されてきた。しかし，なぜ後期高

表 5-1　全国調査における年齢階層別の高齢者の生きがいの推移

	2003 年	2008 年	2013 年	2021 年
60～64 歳	86.9	86.2	81.2	78.0
65～69 歳	84.0	83.8	80.6	78.7
70～74 歳	81.7	83.8	78.0	75.6
75～79 歳	79.4	79.5	77.8	72.5
80 歳以上	69.6	73.0	77.3	62.7
合　計	85.1	82.5	79.2	73.2

（出典）内閣府（2004，2009，2014，2022）より

齢者の生きがいが低いのかを論じる研究は，都市，過疎地域を問わず少なく，その中でも過疎地域高齢者に特化して後期高齢者の生きがいを論じた研究はかなり限定的である。平均寿命の伸びにより高齢期は長期化し，今後ますます多くの人々が後期高齢者として生きることになる。そのようななか，あらためて後期高齢者の生きがいについて考えていくことが必要であろう[6]。

　それではなぜ後期高齢者の生きがいは低いのか。その理由を考えるため，都市高齢者の研究も参考に，後期高齢者になると人々を取り巻く環境がどのように変化するのかを考えてみる。まず 1 点目に，家族の変化がある。家族が高齢者の生きがいにおいて大きな意味を持つことを先に述べたが，後期高齢者になると，それまでは配偶者と二人暮らしであったものが，配偶者が亡くなり一人暮らしになる場合もあり，世帯の状況における変化が見られる。2 点目に，近隣関係の変化である。配偶者だけでなく，近所に住む友人が亡くなるということもある。それにより，これまではおしゃべりをしていたような友人関係が縮小する（古谷野 1996；高野・坂本 2005）。3 点目に，健康状態が悪化する場合がある（古谷野 1996）。健康状態の悪化は，行動範囲や社会関係の縮小などにもつながる可能性がある。

　加えて，過疎地域における高齢者の生きがい研究では，高齢者の中でも年齢階層別にどのような時に生きがいを感じるのかが異なることが指摘される。60歳代は農業，70 歳代は農業と宗教的価値，80 歳代ではテレビというように，年齢によって生きがいの主な対象が変化するという（保坂 1984）。また，60 歳代と 70 歳代の生きがいを比較した結果，両者で差が見られる点として，60 歳代では「他人から感謝された時」の割合が高いものの，70 歳代以上では，「よい作物ができた時」や「子どもや孫との団らんの時」により生きがいを感じやすいことが報告されている（仲・山本 2015）。

　以上のように，一口に高齢者といっても，前期高齢者と後期高齢者ではそれぞれを取り巻く状況は異なる。今回の調査では健康状態については尋ねていないが，その他に後期高齢者を取り巻く変化として予想できる，家族の変化と近隣関係の変化についてみていく。

第3節　過疎農山村地域における高齢者の
生きがいの現状

■3-1　生きがいの記述的な分析

　本章の問いは2つある。現在の過疎農山村地域の高齢者の生きがいの実態を分析することと（3節），生きがいを感じている割合が低いと予想される過疎農山村地域の後期高齢者を対象に生きがいの実態及び関連する要因について20年間の変化を検討することである（4節）。調査対象地域は大分県日田市中津江村である。中津江村において1996年，2007年，2016年の3時点において実施した質問紙調査のデータを使用し分析を行う。対象地域の概要および調査データの詳細については，第1章を参照されたい。

　3節では，2016年調査のデータを用い過疎農山村地域における高齢者の生きがいの実態を確認し，4節では3時点の調査から過疎農山村地域における後期高齢者の生きがいの変化を分析する。なお，本章では「高齢者」として65歳以上の人々を指す。また，以下では，生きがいについて，「生きがいがある暮らしをしている」との考えに対し4段階（「そう思う」「まあそう思う」「あまりそう思わない」「そう思わない」）で回答してもらい，「そう思う」あるいは「まあそう思う」と回答した人々を，生きがいが「ある」人々として論じている。

　まず，過疎農山村地域における高齢者の生きがいに関する詳細な分析の前に，年齢を区切らず，過疎農山村地域における生きがいの実態を確認してみよう。2016年調査によると，20歳以上の人々のうち生きがいを感じている人々（「そう思う」と「まあそう思う」の合計）は67.6％であり，多くの人々が生きがいを感じている。さらに，年齢階層別の分析として，「若年層（20〜49歳）」「中高年層（50〜64歳）」「前期高齢者（65〜74歳）」「後期高齢者（75歳以上）」の4区分を設け分析したところ，生きがいを感じている人々の割合は，中高年層では64.3％とやや低いが，それ以外の年齢層では7割弱が生きがいを感じている（表5-2）。加えて，後期高齢者よりも，前期高齢者において生きがいは少しだけであるが高い。また，高齢者全体では69.0％が生きがいを感じている。

表 5-2　年齢階層別の生きがい（2016 年）

	生きがいのある暮らしをしている				
		そう思う	まあそう思う	あまりそう思わない	そう思わない
	実数	（%）	（%）	（%）	（%）
若年層（20〜49 歳）	16	18.8	50.0	25.0	6.3
中高年層（50〜64 歳）	42	11.9	52.4	26.2	9.5
前期高齢者（65〜74 歳）	36	25.0	44.4	30.6	0.0
後期高齢者（75 歳以上）	48	22.9	45.8	20.8	10.4
全　体	142	19.7	47.9	25.4	7.0

■3-2　家族と生きがい

　2016 年調査から過疎農山村地域における高齢者の生きがいと家族との関連について確認する [7]。まず，中津江村における高齢者の世帯の状況については，「一人暮らし」が 21.1%，「夫婦のみ」が 55.6% と，1 人または 2 人のみ世帯で暮らす人々の割合が 76.7% とかなり高い。次に，高齢者の世帯の状況と生きがいとの関連をみると，高齢者の生きがいが高いのは，「夫婦のみ」（76.1%）と「三世代以上の世帯」（75.0%）である（表 5-3）。一方高齢者の生きがいが低いのは，「夫婦と親」（60.0%）と「一人暮らし」（62.6%）である。「夫婦と親」のように同居家族がいても生きがいが低い場合もあるが，「一人暮らし」よりも，「夫婦のみ」と「三世代以上の世帯」において生きがいが高いことから，基本的には先行研究同様に今回の調査でも，高齢者にとって同居家族との団らんが生きがいとなっていることがうかがえる。

　しかし，高齢者の家族とは同居家族だけではない。離れて暮らす他出子が様々な側面で農山村に住む高齢の親をサポートしている場合は多い。そこで，他出子と会う頻度について確認する。まず，他出子がいる高齢者は 8 割（81.7%）にのぼる。それらの高齢者のうち，他出子と毎週会っている高齢者は約 2 割（21.9%），月 1 回以上の頻度で会っている高齢者を合わせると半数以上（57.5%）になる。全体の半数以上が月 1 回は他出子と会っている状況は，過疎農山村地域にて高齢者が他出子から大きな精神的・物的サポートを受けていることをう

かがわせる。次に，生きがいとの関連についてみると，「週1回以上」会っている場合に生きがいがかなり高い（93.3％）（表5-4）。他方で，「月1回以上」と「年に1，2回またはそれ以下」ではほとんど差は見られなかった。聞き取り調査でも，一人暮らし高齢者のところに，車で1時間以内など比較的近くに住む他出子が顔を見せに車でやってきて，食べ物を届けたり，病院や買い物に連れて行くことが語られた。一方，高齢者も野菜を作って子どもや孫に送ってあげることを楽しみにしている。「最近起こった出来事で，楽しかったことやうれしかったことは何ですか」と尋ねると，子どもだけでなく，「孫の大学合格」といったように孫の成長にかかわる言葉が語られることも多い。同居，別居にかかわらず，過疎農山村地域の高齢者にとって，子や孫が大きな意味を持つこ

表 5-3　高齢者の世帯の状況と生きがい（2016 年）

		生きがいのある暮らしをしている			
		そう思う	まあそう思う	あまりそう思わない	そう思わない
	実数	（％）	（％）	（％）	（％）
一人暮らし	16	31.3	31.3	25.0	12.5
夫婦のみ	46	19.6	56.5	19.6	4.3
夫婦と親	5	40.0	20.0	40.0	0.0
親と未婚の子ども（34 歳以下）	0	0.0	0.0	0.0	0.0
親と未婚の子ども（35 歳以上）	6	0.0	66.7	33.3	0.0
三世代以上の世帯	4	50.0	25.0	0.0	25.0
その他	4	25.0	0.0	75.0	0.0
全　体	81	23.5	45.7	24.7	6.2

表 5-4　高齢者の他出子との交流頻度と生きがい（2016 年）

		生きがいのある暮らしをしている			
		そう思う	まあそう思う	あまりそう思わない	そう思わない
	実数	（％）	（％）	（％）	（％）
週1回以上	15	33.3	60.0	6.7	0.0
月1回以上	25	24.0	40.0	24.0	12.0
年に1，2回またはそれ以下	27	25.9	40.7	29.6	3.7
全　体	67	26.9	44.8	22.4	6.0

とがうかがえる。

■3-3　農業と生きがい

　「現在農業をしているかどうか」と生きがいとの関連についてみると，「農業
はやっていない」人では生きがいを感じているのは約 6 割（61.9%）だが，「農
家である」（76.0%）や「家庭菜園のみやっている」（75.0%）人の生きがいは高
い（表 5-5）。高齢期にあって農業や農作業という仕事を持つことが生きがいに
つながるということが，今回の調査からも確認できる。農業は高齢者の働きた
いという気持ちに応えることができる持続的な性格を持った仕事であり，定年
がなく，体が動く限りは続けることができる。農業や農作業というのは定期的
に手が加えられることを必要とするため，高齢者は毎日あるいは 2 日に 1 度程
度は畑に出ることになる。農山村高齢者の暮らしは，「ひま」で何もやること
がないのではないかと誤解されがちであるが，むしろ都市部の同年代の人々と
比べると「忙しい」。そして，作った野菜を別居の子や孫，近所の人にあげる
ことが楽しみとなっている。そこには，野菜をあげて「ありがとう」と言われ
ることで「役に立っている」と自身の役割を再認識できる喜びもあるだろう。
ただし，農業が生きがいにつながることは，単純に収入の面など経済的な理由
からではないことには注意が必要である。今回の調査でも，「農家である」と
「家庭菜園のみやっている」では生きがいの高さにあまり差はなく，収入にな
るかどうかだけが生きがいにつながっているわけではないようである。

　また，表は省略するが，中津江村における 2007 年調査（全年齢を対象に分析）[8]
において「60 歳代は現役か」と尋ねたところ，肯定層（「そう思う」または「ま
あそう思う」）の割合は 9 割弱（87.1%）である。同様に，「70 歳の人に仕事等
はあるか」と尋ねたところ，8 割以上（82.6%）の人々が肯定している。60 歳
代や 70 歳代であっても「現役」で仕事が「ある」ということを，すべての年
齢層の人々が思っている。このように，過疎農山村地域において高齢者が継続
可能な仕事を持っているという事実だけでなく，周囲の人々からも仕事があり
役割を持っていると評価されていることも，高齢者の生きがいを高めていると

考えられる。

表5-5　高齢者の農業従事と生きがい（2016年）

| | 生きがいのある暮らしをしている | | | |
| | そう思う | まあそう思う | あまりそう思わない | そう思わない |
	実数	（%）	（%）	（%）	（%）
農家である	25	24.0	52.0	20.0	4.0
家庭菜園のみやっている	24	29.2	45.8	20.8	4.2
農業はやっていない	21	23.8	38.1	23.8	14.3
全　体	70	25.7	45.7	21.4	7.1

■3-4　近隣関係と生きがい

　近隣関係や団体参加が果たす役割を確認しよう。まず，近隣関係について，「困ったときに助け合える仲間が大勢いること」という質問項目に対する評価を尋ねたところ，56.2%が肯定的な回答（「良い」と「まあ良い」の合計）をしている（「良い」「まあ良い」「やや悪い」「悪い」の4段階として尋ねた）。次に，生きがいとの関連を見てみよう（表5-6）。近隣関係への評価に対し，肯定的回答をした層（「良い」と「まあ良い」の合計）では，生きがいを感じている人々の割合は80.4%であるのに対し，否定的回答をした層（「悪い」と「やや悪い」の合計）では，55.6%である。近隣関係への評価が高い場合に生きがいを感じていることがわかる。前述のように近隣関係への評価は肯定層が多いが，農山村において高齢者は，近所の友人の家に日頃から集まってお茶を飲みおしゃべりをし，自主的に「サロン」を開いて交流を持つ。誘い合わせて健康・生きがいデイサービスや保健師による保健相談サービスなどに行き，病院で顔を合わせておしゃべりをすることもある。過疎農山村地域の高齢者は一人暮らしであっても決して孤独なわけではなく，近所の人々との良好な関係，地域との強いつながりを持っている。また，過疎農山村地域の高齢者は居住地域への愛着度や永住意識が高い。「今後もこの地域に住み続けたい」（87.6%），「今住んでいる地域が好きだ」（85.1%）などの質問項目については肯定層が8割以上存在する。

ただし,「子どもや孫が地域から出て行くのももっともだ」が 86.2%,「この地域はこれから生活の場としてだんだん良くなる」は 4.8% であり,住んでいる地域の現状や今後の展望における厳しさは認識しつつも,地域に強い愛着を抱き,住み続けたいと思う高齢者が多いことにも注意が必要である。

表 5-6　高齢者の近隣への評価と生きがい（2016 年）

助け合える仲間が大勢いること	生きがいのある暮らしをしている				
		そう思う	まあそう思う	あまりそう思わない	そう思わない
	実数	(%)	(%)	(%)	(%)
肯定層	46	30.4	50.0	19.6	0.0
否定層	36	16.7	38.9	33.3	11.1
全　体	82	24.4	45.1	25.6	4.9

　次に,団体参加については,多くの高齢者が,「自治会,町内会」(52.7%),「老人クラブ」(36.6%),「商工会,農協,森林組合などの協同組合」(21.5%),「氏子,檀家,祭礼集団」(21.5%),「スポーツ,趣味,娯楽の団体やサークル」(21.5%) などいずれかの団体に参加し,「どれにも参加していない」高齢者の割合は 14.0% である。全国調査では,60 歳以上において団体や組織に参加していない割合は約 4 割 (42.1%) であることからも（内閣府 2014）,中津江村の団体参加の割合が高いことがわかる。高齢者であっても,世帯の小規模化の中で,世帯の代表として自治会等に参加する必要がある場合や,農業をしている

表 5-7　高齢者の団体参加と生きがい（2016 年）

	生きがいのある暮らしをしている				
		そう思う	まあそう思う	あまりそう思わない	そう思わない
	実数	(%)	(%)	(%)	(%)
団体参加なし	12	16.7	41.7	33.3	8.3
1，2 団体参加	41	24.4	43.9	24.4	7.3
3 団体以上参加	27	25.9	51.9	22.2	0.0
全　体	80	23.8	46.3	25.0	5.0

ため，農業協同組合などの地域集団に参加する場合がある。生きがいとの関連をみると，参加している団体の数が多いほど生きがいを感じ，3団体以上参加している層では約8割（77.8％）が生きがいを感じている。

第4節　過疎農山村地域における後期高齢者の生きがいの変化

■4-1　後期高齢者の生きがいの変化に関する記述的分析

　過疎農山村地域における後期高齢者の生きがいの変化について，中津江村における1996年，2007年，2016年の3時点の質問紙調査から分析する。まず，高齢者について生きがいを感じている（「そう思う」と「まあそう思う」の合計）割合の推移を示したのが表5-8である。表5-8をみると，20年間の変化として，生きがいを感じている高齢者の割合は一貫して低下している（74.1％→72.6％→69.0％）。全国調査においても高齢者の生きがいは近年低下しているが（内閣府 2004, 2009, 2014, 2022），同様の傾向は今回の調査でも確認された。さらに，高齢者の中でも前期高齢者と後期高齢者を分けると，前期高齢者では生きがいを感じている割合は7割前後（69.8％→73.8％→69.4％）で推移しているが，後期高齢者では大きく低下している（85.8％→71.1％→68.7％）。中津江村では，近年特に後期高齢者が厳しい状況に置かれていることがわかる。なぜこのように過疎農山村地域における後期高齢者の生きがいに大きな低下が生じたのか。家族と近隣関係の変化から検討していきたい。

表5-8　前期／後期高齢者と生きがいを感じている割合の推移

	1996年	2007年	2016年
65〜74歳	69.8	73.8	69.4
75歳以上	85.8	71.1	68.7
全　体	74.1	72.6	69.0

■4-2　家族の変化と後期高齢者の生きがい

　過疎農山村地域の高齢者をめぐる世帯の状況の変化を検討する（表5-9，表5-10，表5-11）。世帯状況について，前期高齢者，後期高齢者ともに「三世代以上の世帯」の割合が一貫して低下しているが，特に後期高齢者において低下が著しい（25.7%→9.3%→3.7%）。他方で，後期高齢者では「一人暮らし」（15.4%→32.0%→25.9%）や「夫婦のみ」（20.5%→36.1%→61.1%）が1996年と比較して増加しており，2016年には9割弱（87.0%）の後期高齢者が「一人暮らし」あるいは「夫婦のみ」にて暮らしている。一方，前期高齢者では「一人暮らし」（12.0%→9.7%→13.9%）や「夫婦のみ」（50.0%→60.2%→47.2%）の割合はそれほど大きく変化していない。

　このように，今回の過疎農山村地域における調査からも20年間で世帯の小規模化が進んでいることがわかる[9]。そして，特に後期高齢者においてその傾向が著しい。地域から子世代や孫世代が出て行き「三世代以上の世帯」が減少するといっても，前期高齢者では「二世代世帯」（「夫婦と親」および「親と未婚の子ども」の世帯）を維持しており，すぐに「一人暮らし」になるわけではない。しかし，後期高齢者では，子世代や孫世代が出て行き，配偶者が亡くなることにより，「一人暮らし」が増加する。このような世帯状況の変化の結果，後期高齢者における生きがいが低下したと考えられる。表5-12は，生きがいに関する前期／後期高齢者と世帯の状況別の三重クロス集計表であるが，これを見ても後期高齢者の「一人暮らし」では生きがいを感じている割合がかなり低い（54.5%）[10]。表5-12はサンプル数が少ない中での三重クロス集計表であるため限界もあるが，前期高齢者では「一人暮らし」であっても生きがいが高く，「二世代以上の世帯」の場合に生きがいが低いこともうかがえる。前期高齢者のうちは，「一人暮らし」であっても社会関係や行動範囲が縮小しにくく生きがいを保ちやすいのかもしれない。

　今回の調査からは，後期高齢者になり「一人暮らし」になるにつれて生きがいは低下することがうかがえる。高齢者は概して家族を生きがいとしており，配偶者や子，孫との団らんを楽しみとしていることが多い。加えて，家族は相

表 5-9 　前期／後期高齢者別の世帯の状況（1996 年）

	実数	一人暮らし（%）	夫婦のみ（%）	親と子ども（%）	三世代以上の世帯（%）	その他（%）
65〜74 歳	108	12.0	50.0	14.8	17.6	5.6
75 歳以上	39	15.4	20.5	28.2	25.7	10.3
全 体	147	12.9	42.2	18.4	19.7	6.8

表 5-10 　前期／後期高齢者別の世帯の状況（2007 年）

	実数	一人暮らし（%）	夫婦のみ（%）	夫婦と親（%）	親と未婚の子ども（34 歳以下）（%）	親と未婚の子ども（35 歳以上）（%）	三世代以上の世帯（%）	その他（%）
65〜74 歳	113	9.7	60.2	5.3	2.7	7.1	9.7	5.3
75 歳以上	97	32.0	36.1	6.2	1.0	3.1	9.3	12.4
全 体	210	20.0	49.0	5.7	1.9	5.2	9.5	8.6

表 5-11 　前期／後期高齢者別の世帯の状況（2016 年）

	実数	一人暮らし（%）	夫婦のみ（%）	夫婦と親（%）	親と未婚の子ども（34 歳以下）（%）	親と未婚の子ども（35 歳以上）（%）	三世代以上の世帯（%）	その他（%）
65〜74 歳	36	13.9	47.2	13.9	0.0	11.1	5.6	8.3
75 歳以上	54	25.9	61.1	1.9	0.0	3.7	3.7	3.7
全 体	90	21.1	55.6	6.7	0.0	6.7	4.4	5.6

表 5-12 　前期／後期高齢者と世帯の状況別の生きがい（肯定層／否定層）（2016 年）

		生きがいのある暮らしをしている（肯定層および否定層の%）							
		一人暮らし		夫婦のみ		二世代以上の世帯		その他	
		肯定層	否定層	肯定層	否定層	肯定層	否定層	肯定層	否定層
	実数	%（実数）	%（実数）	%（実数）	%（実数）	%（実数）	%（実数）	%（実数）	%（実数）
65〜74 歳	35	80.0(4)	20.0(1)	82.4(14)	17.6(3)	60.0(6)	40.0(4)	0.0(0)	100.0(3)
75 歳以上	46	54.5(6)	45.5(5)	72.4(21)	27.6(8)	80.0(4)	20.0(1)	100.0(1)	0.0(0)
全 体	81	62.5(10)	37.5(6)	76.1(35)	23.9(11)	66.7(10)	33.3(5)	25.0(1)	75.0(3)

互扶助機能を持つ。頼れる家族が近くにいないことは，急に体調が悪くなった時など「何かがあった時に心配だ」というように，どことなく不安を抱えることもあるだろう。別居家族のサポートの力も大きいが，依然として同居家族がいるのかどうかによって生きがいは大きく影響を受ける。過疎農山村地域の後期高齢者における生きがいが，世帯の小規模化の進行によって低下していることは重要な問題である。

■4-3　近隣関係の変化と後期高齢者の生きがい

　次に，近隣関係の変化について見てみよう（表5-13，表5-14，表5-15）。近隣関係への評価として「助け合える仲間が大勢いること」について尋ねたところ，肯定層（「良い」と「まあ良い」の合計）の割合が，20年間で大きく低下している（78.0％→63.8％→56.2％）。年齢別では，まず後期高齢者において2007年調査で急激な評価の低下が起こり（80.0％→56.4％→57.7％），前期高齢者においても2016年調査で急激な評価の低下が起こっている（77.1％→70.6％→54.0％）。20年間の変化として人口流出や高齢化の進展により，「仲間が大勢いる」とは感じにくくなり，前期高齢者，後期高齢者ともに近隣関係への評価が大きく低下していると考えられる。しかし，そのような中でも，後期高齢者における近隣関係への評価の低下が先に起こったことについては，後期高齢者では，配偶者や友人が亡くなり，それにより配偶者を通しての人間関係も縮小するなど，これまでの人間関係が次第に縮小する時期である。そのような時期に，人口流出，高齢化や世帯の小規模化の進展が起こったことは，後期高齢者においてより大きな影響を与え，先んじて近隣関係への評価が低下したという可能性も考えられる。また，表は省略するが，2016年調査のデータから生きがいに関する前期／後期高齢者と近隣への評価別の三重クロス集計を実施したところ，前期高齢者と後期高齢者ともに近隣への評価が高いほど生きがいが高かった。

　次に，団体参加について確認すると，表は省略するが，高齢者全体では，いずれの団体にも参加していない人々の割合は2007年にかけて高まりその後低

112

下している（11.6％→20.3％→14.0％）。前期高齢者と後期高齢者に分けて変化を確認すると（表5-16，表5-17），前期高齢者では不参加の割合はやや高まり（12.0％→16.5％→16.2％），後期高齢者では2007年にかけて高まり，その後低下している（10.5％→24.3％→12.5％）。後期高齢者では，2007年から2016年にかけていずれの団体にも参加していない割合は低下しているが，参加割合が2016年に高まった団体としては，「老人クラブ」（71.1％→32.4％→44.6％）や「スポーツ，趣味，娯楽の団体やサークル」（10.5％→11.7％→17.9％），「自治会，町内会」（26.3％→43.2％→46.4％）がある。過疎農山村地域では，人口流出と高齢化の進展により，前期高齢者は地域の「若手」として地域組織にて中心的

表5-13　前期／後期高齢者別の近隣への評価（1996年）

		助け合える仲間が大勢いること			
		良い	まあ良い	やや悪い	悪い
	実数	（％）	（％）	（％）	（％）
65〜74歳	105	20.0	57.1	20.0	2.9
75歳以上	40	27.5	52.5	7.5	12.5
全体	145	22.1	55.9	16.6	5.5

表5-14　前期／後期高齢者別の近隣への評価（2007年）

		助け合える仲間が大勢いること			
		良い	まあ良い	やや悪い	悪い
	実数	（％）	（％）	（％）	（％）
65〜74歳	112	17.9	52.7	23.2	6.3
75歳以上	101	15.8	40.6	30.7	12.9
全体	213	16.9	46.9	26.8	9.4

表5-15　前期／後期高齢者別の近隣への評価（2016年）

		助け合える仲間が大勢いること			
		良い	まあ良い	やや悪い	悪い
	実数	（％）	（％）	（％）	（％）
65〜74歳	37	16.2	37.8	29.7	16.2
75歳以上	52	9.6	48.1	25.0	17.3
全体	89	12.4	43.8	27.0	16.9

な役割を果たすことを期待されるが，後期高齢者は地域組織における中心的な役割から段々と離れていく時期である。そのようななか，より娯楽的な団体であり，後期高齢者の参加が見込まれる団体としては，「老人クラブ」や「スポーツ，趣味，娯楽の団体やサークル」などがあるが，これらの参加率が高まったことも，後期高齢者における団体参加の高まりに関連しているだろう。後期高齢者の生きがいは 1996 年～2007 年の 10 年間と比べ，2007 年～2016 年の 10 年間では大きく低下していないが，上記のような 2016 年にかけての後期高齢者における団体参加の高まりが生きがいの低下を抑制した可能性も考えられる。

表 5-16　前期高齢者の団体参加率の推移

	1996	2007	2016
自治会，町内会	47.0	63.6	62.2
PTA，子ども会など	1.0	0.0	0.0
地域婦人会	10.0	2.5	8.1
青年団	0.0	0.0	0.0
消防団	0.0	0.8	0.0
老人クラブ	29.0	22.3	24.3
頼母子講，お日待ち講，念仏講などの「講」	18.0	8.3	10.8
氏子，檀家，祭礼集団	23.0	16.5	29.7
商工会，農協，森林組合などの協同組合	33.0	26.4	35.1
労働組合	3.0	0.8	0.0
政党，政治団体，政治家の後援会	4.0	2.5	8.1
社会福祉協議会，福祉ボランティアの会	17.0	13.2	13.5
スポーツ，趣味，娯楽の団体やサークル	14.0	28.1	27.0
文化，歴史の学習や研究サークル	2.0	1.7	0.0
住民運動の団体	2.0	6.6	2.7
その他	1.0	8.3	2.7
どれにも参加していない	12.0	16.5	16.2

表 5-17　後期高齢者の団体参加率の推移

	1996	2007	2016
自治会，町内会	26.3	43.2	46.4
PTA，子ども会など	2.6	2.7	1.8
地域婦人会	0.0	1.8	1.8
青年団	0.0	0.0	0.0
消防団	0.0	0.9	0.0
老人クラブ	71.1	32.4	44.6
頼母子講，お日待ち講，念仏講などの「講」	2.6	4.5	8.9
氏子，檀家，祭礼集団	13.2	18.9	16.1
商工会，農協，森林組合などの協同組合	13.2	25.2	12.5
労働組合	0.0	0.0	0.0
政党，政治団体，政治家の後援会	2.6	2.7	0.0
社会福祉協議会，福祉ボランティアの会	7.9	7.2	8.9
スポーツ，趣味，娯楽の団体やサークル	10.5	11.7	17.9
文化，歴史の学習や研究サークル	0.0	2.7	0.0
住民運動の団体	0.0	2.7	5.4
その他	0.0	2.7	7.1
どれにも参加していない	10.5	24.3	12.5

第5節　過疎地域高齢者の生きがいのゆくえ

　本章では，大きく分けて2つの問いについて検討してきた。ひとつは，人口流出や高齢化の進展など変化にさらされ続けている現代農山村における高齢者の生きがいの実態を分析することである。もうひとつは，高齢者の中でも相対的に生きがいを感じている割合が低いとされる後期高齢者を対象に，生きがいの実態および関連する要因についてその変化を検討することである。

　今回の知見をまとめる。まず，ひとつめの問いについて，過疎農山村地域における高齢者の生きがいは概して高く，その高い生きがいが，家族，農作業という持続性のある活動，緊密な近隣関係，高い団体参加などに支えられている。先行研究同様，世帯別では，「一人暮らし」の場合と比較し「夫婦のみ」や「三世代以上の世帯」において生きがいが高く，農業に従事している場合に生きがいが高く，近隣関係への評価が高い場合や団体参加数が多い場合に生きがいが高い。さらに，今回，他出子と会う頻度と生きがいとの関連について分析したところ，会う頻度が「週1回以上」と高い場合に生きがいは高い。世帯の小規模化が進展する中，別居の子や孫とのかかわりについても今後分析していく必要がある。

　次に，もうひとつの問いについて，20年間で過疎農山村地域における高齢者の生きがいは低下しているとはいえ，前期高齢者，後期高齢者ともに約7割が生きがいを感じ，生きがいは概して高い状況にある。しかし，現代農山村が大きな変化にさらされているなか，今回の調査においても，家族や近隣関係などが変化し，後期高齢者の生きがいは20年前と比較し大きく低下していた。これまで過疎地域高齢者の生きがいを検討してきた研究は多くはなかったが，そのなかでも，前期高齢者と後期高齢者とを分けて検討した研究は非常に少なく，後期高齢者の生きがいの問題は見過ごされてきたといえる。しかし，今回の調査からは，20年前は非常に高い割合で生きがいを感じていた過疎農山村地域の後期高齢者が，近年より厳しい状況に置かれていることがうかがえる。人口減少や高齢化が進むなか，後期高齢者においては，「三世代以上の世帯」

が減少し，「一人暮らし」が増加した。近隣関係への評価に関しても，より早い段階で低下していた。後期高齢者というのは，そもそも配偶者や友人が亡くなりネットワークが縮小する時期であり，人口減少や高齢化の進展の影響をより直接的に受けやすいことが示唆される。

　このように考えると，過疎農山村地域における高齢者の生きがいは現在は全体として高い状態を維持しているが，今後の見通しとして考えた場合，特に後期高齢者の生きがいをめぐる状況は楽観視できるものではない。今後も，世帯の小規模化や人口流出による近隣の扶助機能の低下が進むであろうなか，厳しい環境におかれた一人暮らしの高齢者世帯の増加は，生きがいを感じて生活する高齢者の減少につながると考えられる。しかし，確かに後期高齢者の生きがいをめぐる状況は厳しい状況にあり，より一層のサポートを必要とするが，だからといって過疎農山村地域における後期高齢者の生活は不幸であり，嫌々ながら過疎農山村地域に住み続けているわけではない。高齢者ばかりというのいわゆる「限界集落」（大野 2005：22）と呼ばれる状況にある場合でも，高齢者の生活の実態をみると，頻繁に訪問し高齢者の生活をサポートする他出子の存在や，集団参加を通して維持される濃密な人間関係の存在が認められる。地域への愛着を持ち，地域に住み続けたいと考えている後期高齢者の割合も高い。このように考えると，今後も過疎農山村地域において後期高齢者が生きがいを持った生活をしていくには何が必要かを考えていく必要がある。

　それでは，過疎農山村地域の後期高齢者の生きがいについて，今後どのような可能性があるだろうか。いくつかの手がかりを記しておきたい。第一に，地域における既存の団体を利用しながら，後期高齢者の社会参加を促進することがあげられる。今回後期高齢者における団体参加の割合は，2007 年と比べ 2016 年には高まっていた。特に「老人クラブ」「スポーツ，趣味，娯楽の団体やサークル」「自治会，町内会」などの参加割合が高まっていたが，団体参加とは，参加を通して近所の人々と交流する場であり，日々の生活にハリや活力を与えるものである。加えて，そのような場で役割を持ち他者から承認されることは，生きていく中での充実感にもつながるだろう。これらの地域団体の活

動を再度高めていくことにより，社会参加の場を提供し，ネットワーク縮小期にある後期高齢者のネットワークを広げる機会を作っていくことが必要と考えられる。中津江村における地域団体参加については第1章でも述べられている。第1章では，自治会への参加率は高いものの，参加実態が伴っていないこと，人口減少により集落内での道普請などの一部の活動の存続が難しくなっていることが示されている。他方で，民生委員によるミニデイサービスなどの地域福祉活動が，高齢者の生活にとって大きな意味を持つものとなっていることが指摘されている。こうした地域福祉活動への参加は，後期高齢者の生きがいという観点からも重要であろう。第二に，高齢者の生きがいを考えた場合に家族の位置づけがとても大きいことからも，高齢者における家族の存在は重要である。過疎農山村地域の高齢者は，お盆や正月に子や孫が集まるのを楽しみにし，孫の成長や誕生をうれしそうに語ることも多い。同居という形ではなくなったとはいえ，他出子によるサポートを抜きに高齢者の生活を語ることはできないだろう。他出子との関係性については第3章および第7章でも検討されている。第三に，地域における人口減少や高齢化の進展，世帯の小規模化などを考えると，地域や家族に頼るばかりではなく，行政や社会福祉協議会などによる福祉サービスの充実も必要であり，今後大きく期待される。健康上の不安を抱えつつある後期高齢者も参加できる場として，食事会やサロンなど活動の場を増やすという方法もあるだろう。

　以上，得られた知見の整理を行ったが，過疎化や高齢化，世帯の小規模化がますます進行すると予想されるなか，過疎農山村地域の高齢者を取り巻く社会環境は厳しくなりつつあることから，過疎農山村地域における高齢者の生活実態と生きがいは，今後も継続して検討していくべき重要な課題である。さらに，研究の際には，高齢者の中でも年齢や世帯構造等の違いに考慮しつつ分析を進める必要があるだろう。

【注】
　1）内閣府（2022）「高齢者の日常生活・地域社会への参加に関する調査」は，2021年に層化二段無作為抽出法によって抽出された全国の60歳以上の4,000人

を対象に郵送調査法により実施されており，有効回収数は 2,435 票（回収率 60.9％）である。「あなたは，現在，どの程度生きがい（喜びや楽しみ）を感じていますか」と尋ね，「十分感じている」「多少感じている」「あまり感じていない」「まったく感じていない」の選択肢が用意されている。このうち，「十分感じている」23.1％，「多少感じている」50.1％であり，合計すると約 7 割である。

2）先行研究では，量的調査の場合大きく分けて 2 つの方法により生きがいが検討されてきた。ひとつは生きがいを感じている状態にあるかを尋ねる方法である。直接「生きがいがある暮らしをしていますか」と尋ねる場合や，PGC モラール尺度などの尺度を用いる場合がある（直井 2001 など）。もうひとつは，「どのような時に生きがいを感じますか」と生きがいの対象や源泉を尋ねる方法である。本章では，直接「生きがいのある暮らしをしている」かと尋ねた質問項目を用いて分析している。

3）先行研究では，「あなたは現在，どの程度生きがいを感じていますか」と尋ねられ，「十分感じている」「まあ感じている」「あまり感じていない」「全く感じていない」「わからない」の選択肢が用意されている（山本 2017）。このうち，「十分感じている」22.3％，「まあ感じている」50.6％であり，合計すると約 7 割となっている。

4）内閣府（2015）「高齢者の日常生活に関する意識調査」は，2014 年に層化二段無作為抽出法によって抽出された全国の 60 歳以上の 6,000 人を対象に郵送法で実施されており，有効回収数は 3,893 票（回収率 64.9％）である。

5）内閣府（2004）「高齢者の地域社会への参加に関する意識調査」は，2003 年に層化二段無作為抽出法によって抽出された全国の 60 歳以上の 4,000 人を対象に調査員による面接聴取法で実施されており，有効回収数は 2,860 票（回収率 71.5％）である。内閣府（2009）「高齢者の地域社会への参加に関する意識調査」は，2009 年に層化二段無作為抽出法によって抽出された全国の 60 歳以上の 5,000 人を対象に調査員による面接聴取法で実施されており，有効回収数は 3,293 票（回収率 65.9％）である。内閣府（2014）「高齢者の地域社会への参加に関する意識調査」は，2013 年に層化二段無作為抽出法によって抽出された全国の 60 歳以上の 3,000 人を対象に調査員による面接聴取法で実施されており，有効回収数は 1,999 票（回収率 66.6％）である。内閣府（2022）「高齢者の日常生活・地域社会への参加に関する調査」の概要は注 1 参照。なお，内閣府（2004, 2009, 2014, 2022）における生きがいに関するワーディングは基本的には同じであるものの，内閣府（2004, 2009, 2014）では，選択肢に「わからない」が存在していた。内閣府（2022）では，「わからない」の選択肢はない。

6）ただし，高齢者と一口に言っても多様であり，高齢者の生活は年齢によってのみ規定されるわけではないため，前期高齢者／後期高齢者と分けて分析することには危険性も存在する。

7）第 1 章で述べられているように，2016 年調査は，1996 年調査や 2007 年調査

と比べて回収率が低く，回収数も少なくなっている。本章の第3節および第4節では2016年調査のデータを利用しつつ分析を行っているが，回収数が少ないという課題もある。

8）中津江村における2016年調査には同様の質問項目が存在しないため，中津江村における2007年調査の結果を利用した。

9）世帯の小規模化が進んではいるが，依然として過疎農山村の高齢者は家族からのサポートを受けている。他出子との交流の頻度を尋ねたところ，月1回以上と答えた高齢者の割合は飛躍的に高まっている（25.6％→52.4％→57.5％）。

10）質問紙調査のサンプル数が少ないため，分析にあたっては，生きがいを肯定層（「そう思う」と「まあそう思う」の合計）と否定層（「あまりそう思わない」と「そう思わない」の合計）の2つにまとめなおし，世帯の状況についても，「夫婦と親」「親と未婚の子ども（34歳以下）」「親と未婚の子ども（35歳以上）」「三世代以上の世帯」を「二世代以上の世帯」としてひとつにまとめた。

【参考文献】

長谷川明弘・藤原佳典・星旦二・新開省二（2003）「高齢者における『生きがい』の地域差——家族構成，身体状況ならびに生活機能との関連」『日本老年医学会雑誌』40(4)：390-396

保坂恵美子（1984）「過疎地高齢者の生活実態と意識（鹿児島郡部の実態調査から）——Ⅳ高齢者の生きがい意識と価値体系」『鹿児島女子大学　研究紀要』5(1)：101-118

神谷美恵子（2004）『神谷美恵子コレクション　生きがいについて』みすず書房

厚生労働省（2020）「2019年 国民生活基礎調査の概況」，https://www.mhlw.go.jp/toukei/saikin/hw/k-tyosa/k-tyosa19/index.html（2021年7月1日閲覧）

古谷野亘（1996）「社会的適応パターンからみた高齢前期・後期」『老年精神医学雑誌』7(5)：475-479

松岡昌則（2005）「農村高齢者の楽しみと地域の社会関係——秋田県山本郡藤里町米田地区の事例」『生きがい研究』11：22-40

見田宗介（1970）『現代の生きがい——変わる日本人の人生観』日本経済新聞社

内閣府（2004）「平成15年度 高齢者の地域社会への参加に関する意識調査結果（全体版）」，http://www8.cao.go.jp/kourei/ishiki/h15_sougou/pdf/0-1.html（2015年11月24日閲覧）

———（2009）「平成20年度 高齢者の地域社会への参加に関する意識調査結果（全体版）」，http://www8.cao.go.jp/kourei/ishiki/h20/sougou/zentai/index.html（2015年11月24日閲覧）

———（2014）「平成25年度 高齢者の地域社会への参加に関する意識調査結果（全体版）」，http://www8.cao.go.jp/kourei/ishiki/h25/sougou/zentai/index.html（2015年11月24日閲覧）

──── (2015)「平成 26 年度　高齢者の日常生活に関する意識調査結果（全体版）」，http://www8.cao.go.jp/kourei/ishiki/h26/sougou/zentai/index.html（2015 年11 月 24 日閲覧）

──── (2021)「令和 3 年版　高齢社会白書（全体版）」，https://www8.cao.go.jp/kourei/whitepaper/w-2021/zenbun/03pdf_index.html（2021 年 7 月 1 日閲覧）

──── (2022)「令和 3 年度　高齢者の日常生活・地域社会への参加に関する調査結果（全体版）」，https://www8.cao.go.jp/kourei/ishiki/r03/zentai/pdf_index.html（2022 年 6 月 15 日閲覧）

仲正人・山本努 (2015)「過疎地域における高齢者の生きがいとその要因に関する一考察──中国山地集落を事例にして」『県立広島大学経営情報学部論集』7：9-57

直井道子 (2001)『幸福に老いるために──家族と福祉のサポート』勁草書房

大野晃 (2005)『山村環境社会学序説──現代山村の限界集落化と流域共同管理』農山漁村文化協会

Ozsen, Tolga (2008)「農村社会における高齢者の社会的位置づけ──熊本県山都町の 60・70 代を対象に」『熊本大学社会文化研究』6：135-149

鈴木広 (1983)「生きがいの社会学的構造」九州大学公開講座委員会編『九州大学公開講座 7 生きがいの探求』九州大学出版会，309-333

高野和良 (2003)「高齢社会における社会組織と生きがいの地域性」『生きがい研究』9：69-89

──── (2008)「社会参加と生きがい──生き生きと暮らすために」直井道子・中野いく子・和気純子編『高齢者福祉の世界』有斐閣：91-107

高野和良・坂本俊彦 (2005)「高齢社会における社会参加と生きがい──生涯現役社会づくり県民意識調査データから」『山口県立大学大学院論集』6：89-99

徳野貞雄 (2011)『生活農業論──現代日本のヒトと「食と農」』学文社

山本努 (1996)『現代過疎問題の研究』恒星社厚生閣

──── (2017)『人口還流（U ターン）と過疎農山村の社会学（増補版）』学文社

第6章
過疎農山村地域における
市町村合併と生活環境評価
——大分県中津江村 1996 年調査・2007 年調査・2016 年調査から——

第1節　「平成の合併」による生活の変化

　「平成の合併」が及ぼした影響の全体像をここで示すことは難しいが，過疎地域におけるいくつかの事例から，その影響の一端を示すこととしたい。

　市町村合併の政策的な目的は，地方分権の推進，少子高齢化への対応，広域的な行政需要への対応，国・地方の財政再建などにあった（総務省 2010）。少子化，高齢化が進み，日本社会の人口構造が変化するなかで，少子高齢社会に対応し得る行政システムの構築が要請され，社会サービスの水準を維持するためには，ある程度の人口集積が必要であり，市町村合併がそのための手段とされたのであった。確かにこうした説明にはそれなりの説得力があったかもしれない。しかし，実際には市町村合併が期待されたほどの効果をあげなかったといった指摘もあるなか，とりわけその影響を強く受けたのは，多くの過疎地域であった。市町村合併の結果，確かに見かけ上は過疎地域は減少し，合併した自治体では高齢化率も低下したとの指摘もあった（市町村の合併に関する研究会 2006：28）。たとえ効果が一時的なものであったとしても，行政は合併によって当面の問題をひとまず先送りできたかのようにみえた。しかし，それはあくまでも行政組織上のことであって，住民の生活が改善されたとはいえない場合も少なくなかった（徳野 2008：86-87）。むしろ，行政が提供する社会サービスの格差の是正や，合併後自治体内部での中心部と，周辺部となった過疎自治体との施設配置の偏在などが問われることにもなった。合併協議の中でも，そして合併後においても様々な社会サービス水準の調整が合併問題の中心として議

論されてきたが，それだけでは不十分との指摘もある。こうした社会サービス
をめぐる問題とともに，市町村合併によってもたらされた過疎地域住民の地域
意識，生活環境評価，将来展望などについての意識と，生活の変容の実態と課
題の検証（奥田 2009a，2009b）を行うことで，合併の総合的な影響分析が求め
られている。

　また，今回の市町村合併の影響に関しては，社会学的研究が思いの外少ない
ともいわれている（山本 2009）。そこで本章では，合併が九州地方の過疎地域
住民の生活に及ぼした影響の一端を，市町村合併の評価に関する意識調査の結
果から検討することとしたい。

第2節　市町村合併の問題点

　市町村合併を対象とした研究は行政学，都市計画・農村計画学，建築学，社
会福祉学，地理学，民俗学などの各領域でも行われてきた。平成の合併をめぐ
る社会学からの研究が少ないとはいえ，いくつかの学会機関誌では特集が組ま
れており，その内容をごく簡単に示すことで，大まかな研究動向を確認してお
きたい。

　まず，合併特例債などの合併推進策が展開された合併拡大前期ともいえる
2000 年代初頭には，地域社会学会で「分権・合併・ローカルガバナンス　多
様化する地域」（地域社会学会 2004），「〈ローカル〉の再審　国家統治システム
の再編と自治・分権」（地域社会学会 2005）と題した特集が組まれ，縮小する
地域社会という視点から合併による影響分析が行われている。

　いうまでもないが，市町村合併は全国一律に進んでいるわけではない。「市
町村の合併の特例に関する法律」（合併特例法）によって進められた市町村合併
は，1999 年 3 月 31 日時点で 3232 であった市町村数を，2010 年 3 月 31 日時
点で半数近くの 1727（1999 年からの減少率 46.6％）にまで減少させた。この間
に市町村数の減少率が 5 割を超えたのは 26 県であった。なかでも減少率が高
かったのは長崎県（73.4％），広島県（73.3％），新潟県（73.2％），愛媛県（71.4

％），大分県（69.0％）などであり，一方で減少率が小さかったのは大阪府（2.3
％），東京都（2.5％），神奈川県（10.8％），北海道（15.6％），奈良県（17.0％）で
あった。合併が進んだのは高齢化や人口減少の進行している中四国，九州地方
の県が多く「西高東低」の傾向が認められた（小原 2007：2）。東京都や大阪府
のような大都市部は，地方とは異なり，明確に山や川などで行政区域が隔てら
れる場合はむしろ少なく，行政間の調整によって行政区域が設定されている場
合が多く，空間的特徴からみても合併がより容易であり，広域行政への転換に
よって行政効率化を実現しやすい条件を持っているようにみえるにもかかわら
ず，合併は進んでいない。つまりこのことは，東京都などに位置する財政的に
余裕がある自治体にとって，合併が魅力的ではなかったことを如実に示してお
り，合併が進んだ県が，合併特例債による施設整備などに期待せざるを得ない
厳しい状況にあったことをうかがわせるものである。

　このような背景もあり，合併拡大後期に，全国的にみても合併が進行してい
た西日本各県に居住する会員を中心として構成されている日本社会分析学会の
機関誌では「市町村合併の社会学」という特集が組まれ，合併の影響評価を具
体的な事例に基づいて検証している。なかでも，辻正二による，空間論的，財
政論的な視点から把握されてきた合併問題を，合併前から合併時，そして合併
後に至るまでの連続した時間軸上に生起した社会的時間の変化として捉え，住
民の生活時間の変化に注目することで，時間社会学的な合併の影響評価の必要
性の指摘，室井研二による瀬戸内海の離島住民の日常的移動を支えてきた公共
交通問題に合併が与えた影響評価，また，本章の問題意識につながる合併によ
る地域組織の再編が住民意識に及ぼした影響分析（高野 2009）などの論考が
あり，合併という現象を社会学的に捉えることで，住民の生活に影響を及ぼす
多様な問題が顕在化していることが示されている。

　さらに，合併特例法が期限（2010 年 3 月）を迎えた合併の終了期には，日本
村落研究学会が「検証・平成の大合併と農山村」（日本村落研究学会 2013）と
いう特集を組んでいる。まず佐藤康行によって昭和と平成の合併に関する社会
学からの先行研究が整理され，「中山間地域特有の問題がとらえられてきてい

ないこと」などが指摘されている。さらに，今井照による行政学の観点からの
合併と地方自治との関係分析，高齢者の減少と子どもの極端な減少という新た
な段階に入った過疎の拡大の影響，また，本章とも重なる合併を契機として起
こった地域組織の解体とその影響（山本・高野 2013），吉野英岐による地域統
合政策の変化などといった市町村合併後の農山村の実態分析が行われている。
また，翌年の特集「市町村合併と村の再編　その歴史的変化と連続性」（日本
村落研究学会 2014）では，平成の合併に至る村の再編の歴史的変化に注目した
論考が取り上げられている。

　ごく一部を示したに過ぎないが，総じて，合併が想定されたほどの効果はも
たらしておらず，多様な影響が広がっていることが指摘されている。また，上
記のような社会学的研究が行われており，平成の合併をめぐる社会学的な研究
が見あたらないというわけではない。しかし，昭和の合併に際して行われた，
例えばムラ社会からいかに脱し地方自治を形成するために合併がどのように影
響するのかといった，合併の効果を見極めようとする新明正道（新明 1956），
福武直（福武 1958）をはじめとする実証研究の蓄積と比較すれば，個別の生
活課題への影響を指摘する研究が多く，合併によっていかなるコミュニティを
形成し得るのかといった，コミュニティの変動の方向性を総合的に把握するよ
うな研究は少ないといえるのかもしれない。しかし，平成の合併が，人口減少
や少子高齢化といった人口圧力のなかで短期間で進められてきたことから，住
民の生活構造に及ぼす影響は広範で強力であったことを各論考からはうかがう
ことができる。繰り返しになるが，市町村数は 1999 年の 3,232 市町村から，
2010 年には 1,727 市町村となった（2022 年現在 1,718 市町村）。わずか 10 年あ
まりで半減したことになる。大都市と地方という地域差があったとはいえ，こ
うした劇的な変化が住民の生活に及ぼした影響は，社会サービス水準の変化な
どのように短期的に現れるものだけではなく，住民の生活構造の変化によって
中長期的な時間経過のなかで顕在化する問題もあるだろう。このため，合併を
経た地域変化を継続的に確認していくことが必要である。つまり，平成の合併
を経験した地域住民の意識や生活が，いかに変化したのかといった短期的な影

響評価に加え，変化を時系列上で捉える総合的な地域社会学的研究が求められているともいえる。これは，先に挙げた時間社会学的把握の必要性を示すものでもある。

　そこで次に，合併に対する住民側からの評価を，先に指摘したように全国的にみても市町村数の減少率の高い大分県に所在する日田市中津江村を対象として，これまで3回にわたって実施した社会調査結果をもとに検討することとしたい[1]。

第3節　市町村合併に対する住民の評価

■3-1　合併後約10年の評価

　第1章で示したように，大分県日田市中津江村を対象とした社会調査を1996年，2007年，2016年の3回にわたって実施してきたが，2005年の合併成立後に実施した2007年調査と，合併から約10年が経過した時期に実施した2016年調査に，合併への評価を確認するための同一の質問を設けた。

　まず，中津江村住民の合併に対する評価を「あなたは日田市との合併についてどう思いますか。次の中から1つ選んで○をつけてください」という設問で確認した（表6-1）。2005年の編入合併から約2年後に実施した2007年調査では否定的評価（「合併によって生活や地域は厳しくなっている」）と感じている者が8割（79.9%）に迫り，2016年調査でも減少したとはいえ7割（69.3%）近くとなった。さらに，肯定的評価（「合併によって生活や地域が良くなっている」）の割合は，合併後10年以上経過しても，わずかに増加してはいるが4.6%に過ぎず，依然として多くの住民が合併による効果が認められない，あるいは変化

表6-1　中津江村における市町村合併への評価の変化

(%)

	合併によって生活や地域が良くなっている	合併しても生活や地域は変わらなかった	合併によって生活や地域は厳しくなっている	どちらともいえない	合計
2007年調査（n=398）	1.0	10.1	79.9	9.0	100.0
2016年調査（n=153）	4.6	13.1	69.3	13.1	100.0

していないと評価している。もちろん，人口減少や高齢化は合併がなくとも進行したかもしれず，生活や地域が厳しくなっているという判断は合併の有無にかかわらず下された可能性はある。また，中津江村住民が合併に何を期待していたのか，そもそも合併に関心があったのかどうかについても，ここでは十分に検討できない。しかし，少なくとも中津江村住民が，合併を評価していないことは確認できる。

　大規模な市町村合併を推進した総務省による 2010 年の総括報告書『「平成の合併」について』（総務省 2010）では，「大半の合併市町村で合併後 3〜4 年しか経っていない現時点においては，短期的な影響の分析に止まらざるを得ない」が，合併推進には一定の成果があったとされている。しかし，住民側と行政側の成果評価には違いがあるとして，「各種アンケート等によれば，住民の反応としては『合併して悪くなった』，『合併しても住民サービスが良くなったとは思わない』，『良いとも悪いとも言えない』といった声が多く，『合併して良かった』という評価もあるが，相対的には合併に否定的な評価がなされている」と指摘していた（総務省 2010：10）。

　さらに合併の評価を速断するのではなく，「市町村合併は地域の将来を見据えて行われるものであり，その本来の効果が現れるまでには，市町村建設計画等で一般的に定められている 10 年程度の期間が必要である」（総務省 2010：10）としていた。これに従えば，2016 年調査は合併が広く行われた時期から 10 年程度が経過し，まさに「本来の効果」が確認できる頃合いであるが，2016 年調査結果をみれば，合併の効果を実感できなかった中津江村住民が多数を占めていたことを既に示した。総務省が指摘するように住民側と行政側とでは評価に差があるのかもしれないが，少なくとも住民側の評価は厳しいことがわかる。一方の行政側の評価は直接確認できてはいないが，合併当時の中津江村行政関係者からは，合併後 10 年の状況について，合併によって人口の流出がかえって進んだとの印象が語られ，耕作放棄地なども増えたと受け取られているようである（池口 2014：25）。また，合併から 12 年が経過した時期に策定された『第 6 次日田市総合計画』（日田市企画振興部地方創生推進課 2017）に

126

も，合併の影響評価に関する直接的な記述は見あたらない。

■3-2　編入側と被編入側での評価

　中津江村住民による合併への評価の厳しさを示したが，こうした傾向は合併後の日田市の住民全体でも同様なのであろうか。日田市の合併は，いわゆる編入合併であったが，編入側の旧日田市住民と，被編入側の中津江村住民とでは，その評価に違いがあるかもしれない[2]。そこで，2016 年調査では，調査対象地域の中津江村に加え，編入側の旧日田市と，中津江村と同様に被編入側である旧上津江村も加えた。

　結果をみると（表6-2），旧日田市では現状維持的評価（「合併しても生活や地域は変わらなかった」）（44.3%），判断保留（「どちらともいえない」）（30.7%）の割合が高くなった。中津江村（69.3%），旧上津江村（69.5%）では，否定的評価の割合が 7 割に迫る一方で，旧日田市では 2 割程度（19.3%）にとどまっている。つまり，合併は，編入側の旧市部住民にとっては，ほとんど変化をもたらしてはおらず，被編入側の旧村部の住民からは，旧上津江村では肯定的評価が皆無であったように，否定的な変化として捉えられていることがはっきりと示されている。

　さらに，青壮年層（20 歳〜64 歳以下）と高齢層（65 歳以上）との間には，世帯構造はもとより，日常的な移動などの生活構造もかなり違いがあることから，合併への評価も異なるかもしれない。そこで青壮年層（20 歳〜64 歳以下）と高齢層（65 歳以上）とを比較すると（表6-3），旧日田市の高齢層では現状維持的

表6-2　地区別市町村合併への評価（2016 年調査）

(p<0.05)（%）

	合併によって生活や地域が良くなっている	合併しても生活や地域は変わらなかった	合併によって生活や地域が厳しくなっている	どちらともいえない	合計
旧日田市（n=140）	5.7	44.3	19.3	30.7	100.0
中津江村（n=153）	4.6	13.1	69.3	13.1	100.0
旧上津江村（n=118）	0.0	13.6	69.5	16.9	100.0
全体（n=411）	3.6	23.8	52.3	20.2	100.0

表 6-3　地区別年齢 2 区分別市町村合併への評価（2016 年調査）

(p＜0.05)（%）

		合併によって生活や地域が良くなっている	合併しても生活や地域は変わらなかった	合併によって生活や地域は厳しくなっている	どちらともいえない	合計
旧日田市	64 歳以下 (n＝88)	6.8	36.4	20.5	36.3	100.0
	65 歳以上 (n＝52)	3.8	57.7	17.3	21.2	100.0
中津江村	64 歳以下 (n＝63)	9.5	11.1	65.1	14.3	100.0
	65 歳以上 (n＝90)	1.1	14.4	72.2	12.3	100.0
旧上津江村	64 歳以下 (n＝57)	0.0	17.5	66.7	15.8	100.0
	65 歳以上 (n＝61)	0.0	9.8	72.1	18.0	100.0
全体	64 歳以下 (n＝208)	0.0	17.5	66.7	15.8	100.0
	65 歳以上 (n＝203)	0.0	9.8	72.1	18.0	100.0

評価（57.7%）の割合が最も高く，否定的評価（17.3%）の割合は低かった。青壮年層では，判断保留（36.3%）と現状維持的評価（36.4%）の割合が 4 割弱で拮抗し，否定的評価（20.5%）は 2 割程度であった。

中津江村，旧上津江村の高齢層では否定的評価の割合が最も高く（7 割強），現状維持的評価の割合は低い。青壮年層でも否定的評価の割合が最も高く（6 割強），現状維持的評価，判断保留の割合は低い。中津江村の青壮年層で肯定的評価が 1 割弱（9.5%）認められるが，旧上津江村では青壮年層，高齢層ともに肯定的評価は認められなかった。否定的評価に注目すると，旧市部では年齢層による差はあまりなく，いずれも全体の 2 割程度であったが，旧村部の高齢層では 7 割を超え，青壮年層よりもわずかではあるが割合が高くなった。

青壮年層，高齢層を問わず旧村部の人々に共有されているのは，合併によって生活や地域が厳しい状態に変化したという認識である。編入側と被編入側とでは，年齢層にかかわらず合併による生活への影響の受けとめ方が異なることが示されている。

さらに，2007 年調査と比較できる中津江村での調査結果から，年齢階層別の合併への評価の変化をみると（表6-4），高齢層では 2007 年と同様に肯定的評価はほとんど認められず，わずかに否定的評価が減少し（77.0%→72.2%），現状維持的評価，判断保留がやや増加している。青壮年層では，否定的評価が

表 6-4　中津江村における年齢 2 区分別市町村合併への評価の推移

(p＜0.05)（%）

		合併によって生活や地域が良くなっている	合併しても生活や地域は変わらなかった	合併によって生活や地域が厳しくなっている	どちらともいえない	合計
2007 年調査	64 歳以下（n＝164）	1.2	8.5	84.8	5.5	100.0
	65 歳以上（n＝226）	0.9	11.5	77.0	10.6	100.0
2016 年調査	64 歳以下（n＝63）	9.5	11.1	65.1	14.3	100.0
	65 歳以上（n＝90）	1.1	14.4	72.2	12.3	100.0

最も高い割合であることに変化はないが，その割合は 2007 年調査よりも減少し（84.8%→65.1%），上述したように肯定的評価（9.5%），判断保留（14.3%）が増加している。

　2016 年調査は調査対象数が少ないことに注意しなくてはならないが，合併直後の 2007 年調査では，高齢層よりも青壮年層の方が否定的評価の割合が高かったが，2016 年調査では，高齢層の方が否定的評価の割合が高くなっている。

　それでは，このような合併に対する評価の変化に影響を及ぼす要因は何であろうか。まず，考えられることとして，合併後に生活や地域が厳しくなったかどうかの判断に，教育機会，医療や福祉サービス，買い物，交通機関などの利便性の変化によってもたらされる生活環境評価が与える影響である。つまり，生活環境評価が悪化すれば，それを根拠に合併は否定的に捉えられるであろうし，改善されれば合併は好意的に受けとめられるのではないだろうか。もちろん先にも述べたように，被編入側の旧村部では，生活環境の悪化は合併の有無によらず進んでいった可能性があるのだが，この点を確認するために，次に生活環境評価の変化を確認したい。

■3-3　生活環境評価の変化

　第 1 章でも指摘したように，過疎地域における共同生活維持に必要な機能的要件（鈴木 1970）として，生活を支える基本的要件としての第一次的機能要件と，第二次的機能要件が設定できる。これらの要件が含まれる生活環境に対する評価を，旧日田市，中津江村，旧上津江村の 3 地区での結果から比較する

図6-1　地区別生活環境に対する評価（2016年調査）

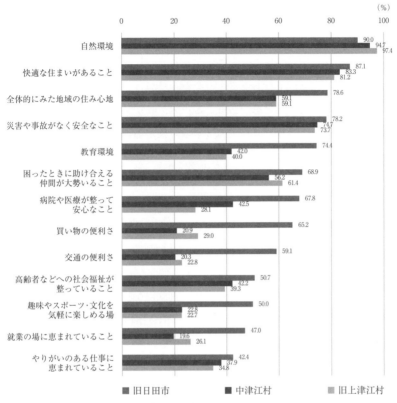

（注）数値は「良い」と「まあ良い」との合計。

と（図6-1），「教育環境」（教育），「病院や医療が整って安心なこと」（医療），
「買い物の便利さ」（買い物），「交通の便利さ」（交通），「就業の場に恵まれてい
ること」（就業）といった，現在の過疎農山村において第一次的機能要件とな
る項目では，肯定的評価の割合は，旧日田市と比較して，中津江村，旧上津江
村では低くなっている。

　しかし，なかには「高齢者などへの社会福祉が整っていること」（社会福祉）
のように旧日田市，中津江村，旧上津江村の差異が比較的小さいものもある。
とはいえ，中津江村，旧上津江村の高齢者福祉施設をみると，特別養護老人ホ

ームは設置されておらず，居住型の施設として旧中津江村時代に設置された高齢者生活福祉センター[3] が利用できるのみであり，福祉施設が充実しているとは考えにくく，日田市の方が間違いなく福祉サービス利用の選択肢は多い。にもかかわらず，中津江村での評価が比較的高い背景には，高齢層を中心に，かつては介護は家族内で行わざるを得なかったが，その時に比べれば今は良くなったという相対的な満足感があることが聞き取りなどから示されており，こうした意識によって評価が補完されている可能性もある（高野 2011，山本・高野 2013）。中津江村の場合は，福祉サービスの有無という絶対的な利用問題であるが，旧日田市の場合には，より多様な福祉サービスを利用できるという選択肢の問題としても捉えられているのではないか。

　また，「自然環境」「快適な住まいがあること」「災害や事故がなく安全なこと」といった生活環境評価が，中津江村，旧上津江村で高く評価されていることは重要であるが，「困ったときに助け合える仲間が大勢いること」（仲間），「趣味やスポーツ・文化を気軽に楽しめる場」（趣味）などの第二次的機能要件でも，中津江村・旧上津江村の肯定的評価の割合は旧日田市よりも低い。

　しかし，ここで留保しておかなくてはならないのは，こうした主観的な生活環境評価を理解するためには，例えば「医療」であれば日田市の医療圏の状況や通院時間などを，「買い物」であれば商店の配置や店舗数の推移などといった客観的な実態を示す必要があるが，本章ではそれらを詳細に示し得ていないという限界を抱えており，あくまでも主観的な生活環境評価結果の検討に留まっている。

　このように，個別の生活環境の評価をみると，第一次的機能要件では総じて旧日田市の方が，中津江村，旧上津江村よりも肯定的評価の割合が高かった。また，個々の生活環境評価を総体として捉えた全体としての生活環境評価である「全体的にみた地域の住み心地」も，旧日田市と中津江村，旧上津江村との間に認められた第一次的機能要件，第二次的機能要件の差異と同様に，旧日田市の方が高い割合を示している。しかし，第一次的機能要件，第二次的機能要件の実態は，旧日田市と比較してかなり厳しい状況にあるにもかかわらず，中

津江村，旧上津江村でも6割程度の人々が良好としていることは興味深い。第2章で検討されている地域意識でも，地域への愛着や定住意識は強いにもかかわらず，将来展望などはかなり暗いことが示されている。個別の生活環境や地域意識と総体としての評価とが，必ずしも直接結びついていないことは重要な論点だとは思うが，その要因分析は今後の検討課題である。

　以上からわかることは，合併後，同一市内となって10年程度が経過した時点で，被編入側の中津江村，旧上津江村の方が，編入側の旧日田市よりも，生活環境評価に対する否定的評価が総じて高い割合を示していたということである。

図6-2　中津江村の生活環境に対する評価の推移

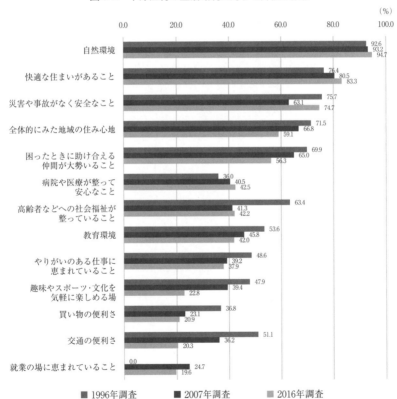

132

　さらに，中津江村では，1996 年調査の結果も加えることで，合併前後約 20
年の生活環境評価の変化が確認できるが（図6-2），「自然環境」（自然）の豊かさ，
「快適な住まいがあること」（住居）などの高い評価は，この 20 年間でも変わ
らず維持されている。しかし，豊かではあったとしても，獣害に悩まされ，耕
作放棄地が広がり，豪雨災害などが多発している「自然」が，他方で大きな問
題となっていることも事実であり，「自然」への良好な評価の意味は慎重に考
えた方が良いのかもしれない。同様に，老朽化した住居であっても長く住み慣
れていることが，快適さを支えている可能性もある。

　第一次的機能要件である「高齢者などへの社会福祉が整っていること」（福
祉）は，2007 年調査で大きく落ち込んでからは，あまり変化はなく 2016 年調
査でも 4 割強の人々が肯定的に評価している。しかし，「買い物」などは低下
傾向にあり，とりわけ「交通」に対する評価がこの 20 年で大きく落ち込んで
いる。また，第二次的機能要件としての，「趣味」の低下は顕著であり，「仲
間」の存在といった関係性の衰弱も看過できない。先に指摘したように 6 割程
度（59.1%）は「全体的にみた地域の住み心地」を良好とするも，低下傾向に
あることが示されている。

　中津江村での合併後約 10 年間の生活環境評価の変化を年齢 2 区分別でみる
と（表6-5），有意差の認められた生活環境は，2007 年調査では，「医療」「福

表6-5　中津江村年齢 2 区分別で有意差の認められた生活環境評価

(p<0.05)（%）

	2007 年調査		2016 年調査	
	64 歳以下	65 歳以上	64 歳以下	65 歳以上
災害や事故がなく安全なこと	66.1	60.1	67.7	79.6
病院や医療が整って安心なこと	23.0	54.3	(28.1)	(28.1)
高齢者などへの社会福祉が整っていること	31.2	47.8	(40.3)	(43.5)
趣味やスポーツ・文化を気軽に楽しめる場	32.2	46.1	(14.8)	(28.4)
交通の便利さ	25.6	43.5	(14.7)	(24.1)

（注）数値は「良い」と「まあ良い」との合計。
　　　2016 年調査の（　）内は有意差が認められなかった。

表6-6　旧日田市年齢2区分別で有意差の認められた生活環境評価

(p＜0.05)

	64歳以下	65歳以上
交通の便利さ	51.1	72.2
病院や医療が整って安心なこと	59.8	81.2

(注)　数値は「良い」と「まあ良い」との合計。
　　　旧上津江村では年齢2区分別で有意差のある生活環境評価項目はなし。

祉」「趣味」「交通」などで高齢層が青壮年層よりも高く評価している。先に指摘したように，高齢層に認められる相対的な満足感の影響もあるだろう。評価に認められる相対的な判断の影響は，青壮年層の方が交通の便利さを低く評価していることにもうかがえる。青壮年層の日常移動の手段は自動車であり，運転に困難を覚える高齢層と比較して，移動の頻度も高く，範囲も広域に及んでいる。にもかかわらず，不便を感じているということは，あくまでも推測であるが，絶対的な移動の困難ではなく，休日に近隣都市部のショッピングモールまで出かける際に移動時間がかかるなどといった不満の反映といえるかもしれない。

　しかし，2016年調査では，年齢2区分で有意差が認められたのは，「災害や事故がなく安全なこと」（災害）のみであった。これ以外の項目は年齢層による評価の差異が小さくなり，2007年調査で青壮年層よりも高齢層の肯定的評価の割合が高かった第一次的機能要件としての「医療」「交通」，さらに第二次的機能要件としての「趣味」などが全般的に低下する結果となった。なお，旧日田市では，「交通」「医療」について高齢層が青壮年層よりも良好な評価を下しており，中津江村での2007年調査と共通する傾向であった（表6-6）。また，表としては示さないが，旧上津江村では，年齢2区分別で有意差のある生活環境評価項目はなく，総じて低評価であった。

　2016年調査で青壮年層と高齢層との間の評価差が認められなくなったことは，10年という時間経過のなかで，高齢層のコーホートの入れ替わりが進み，相対的満足感の効果が消えつつある傾向を示唆しているのかもしれない。また，全般的な生活環境の解体がさらに進行した影響かもしれないが，その説明には

さらに継続的な検討を待つ必要がある。

■3-4　合併評価と生活環境評価

　最後に，合併に対する評価と生活環境評価との関係について補足したい。先に述べたように，合併後に生活や地域が厳しくなっているかどうかを判断する際に，生活環境に対する評価が関係していると仮定し，日田市での合併前後の生活環境評価を検討してきた。明らかになったことは，旧日田市，中津江村，旧上津江村では生活環境評価が異なり，被編入側の中津江村，旧上津江村の方が，編入側の旧日田市よりも厳しい評価を下していたことである。また，中津江村において合併前後のおよそ20年間の変化をみると，「自然」「住居」はこの20年間でも高い評価を維持していたが，第一次的機能要件としての「教育」「買い物」などの評価が下がりつつあり，なかでも「交通」の評価の落ち込みは大きなものであった。また，第二次的機能要件である「趣味」「仲間」も評価を下げていた。このような中津江村，旧上津江村の生活環境評価の状況をみれば，両旧村の合併に対する評価に低い生活環境評価が影響を及ぼしているといえるかもしれない。そこで，2016年調査結果から生活環境評価と合併に対する評価のクロス集計を行った。意識変数間のクロス集計でもあり，結果の解釈には注意が必要であるが，まず，旧日田市，中津江村，旧上津江村を全て対象とした日田市全体での結果をみると，「自然」「住居」「災害」「仲間」には有

表6-7　生活環境評価と合併に対する評価（2016年調査，調査対象者全体）

（p＜0.05）（％）

		日田市との合併についての評価				
		合併によって生活や地域が良くなっている	合併しても生活や地域は変わらなかった	合併によって生活や地域は厳しくなっている	どちらともいえない	合計
交通の便利さ	良い（n＝54）	7.5	33.3	33.3	25.9	100.0
	まあ良い（n＝101）	8.9	28.7	33.7	28.7	100.0
	やや悪い（n＝131）	0.8	23.7	54.2	21.3	100.0
	悪い（n＝142）	2.1	16.9	67.6	13.4	100.0
	全体（n＝428）	4.0	23.8	51.2	21.0	100.0

表6-8　生活環境評価と合併に対する評価（中津江村）

(p<0.05)（%）

		日田市との合併についての評価				
		合併によって生活や地域が良くなっている	合併しても生活や地域は変わらなかった	合併によって生活や地域は厳しくなっている	どちらともいえない	合計
交通の便利さ	肯定的評価(n=30)	13.3	6.7	63.3	16.7	100.0
	否定的評価(n=117)	2.6	14.5	71.8	11.1	100.0
	全体（n=147）	4.8	12.9	70.1	12.2	100.0

（注）肯定的評価は「良い」と「まあ良い」との合計，否定的評価は「悪い」と「やや悪い」との合計である。

意差が認められなかったが，これら以外には有意差（5%水準）が認められた。ここでは，「交通」の結果のみを示すが（表6-7），交通の便利さが良いとする人（33.3%），まあ良いとする人（33.7%）よりも，悪いとする人（67.6%），やや悪いとする人（54.2%）の方が，合併に対する否定的評価の割合が高くなっている。この傾向は，数値は示さないが，有意差の認められた「就業」「買い物」「医療」「教育」「趣味」「やりがいのある仕事」「福祉」「全体的な住み心地」で，割合の高低はあるものの共通して認められた。つまり，旧日田市，中津江村，旧上津江村を一体としてみれば，生活環境評価と合併に対する評価は，ある程度相関しているといえよう。つまり，そもそも合併に対する否定的評価が共有されていた中津江村，旧上津江村では，生活環境評価の悪化の原因を合併に求める人が少なくないことを想定しやすいが，編入側の旧日田市であっても，例えば交通の不便さを感じている人にとっては，それを合併の影響として捉えることがあるということなのであろう。

　しかし，調査対象者数が少なかった中津江村，旧上津江村の「交通」評価を肯定的評価（「良い」と「まあ良い」との合計）と否定的評価（「悪い」と「やや悪い」との合計）とに2区分とし，旧日田市，中津江村，旧上津江村を分けてクロス集計した結果では，中津江村の「交通」に有意差が認められたのみであった（表6-8）。繰り返しになるが，2016年調査では3地区に分けた場合，調査地区ごとの対象数が少なくなってしまい，全体で認められた傾向が見出せなくなった可能性もあり，生活環境評価と合併の評価との関係については，さらに

検討が必要である。

第4節　継続的な合併の影響評価の必要性

　本章での知見を簡単にまとめておきたい。まず，2007年調査と2016年調査から中津江村住民の市町村合併に対する評価をみると，両調査ともに否定的評価の割合が高かった。また，2016年調査では，編入側である旧日田市住民と比較して，被編入側である中津江村住民，旧上津江村住民の方がより否定的評価の割合が高く，合併後約10年が経過した日田市域内での差異が認められた。また，中津江村住民，旧上津江村住民では否定的評価の割合は高齢層の方が高かった。

　生活環境評価は，基礎的な第一次的機能要件に対する評価で旧日田市住民と比べて，中津江村住民，旧上津江村住民による厳しい評価が明らかとなった。また，第二次的機能要件についても同様の評価差が認められ，全体的な地域の住み心地は旧日田市，中津江村，旧上津江村ともに比較的維持されていたが，旧日田市よりも，その割合は低かった。

　さらに，20年間の変化を確認できる中津江村の調査結果をみると，合併を経過した後も，少なくとも第一次的機能要件を中心とする生活環境評価は改善傾向にはなかった。被編入側の中津江村では，合併の「本来の効果」は十分に認められなかったことになる。

　これらの変化は，すでに指摘したように合併に起因するとばかりはいえないが，合併の短期的な影響を確認しつつ，長期的な影響も継続的に検証する必要がある。それによって，今後さらに人口減少などが進行した場合に予測される過疎地域に対するさらなる再編圧力への対案提示も可能となると思われる。

【注】
1）本章で使用した1996年調査，2007年調査，2016年調査の調査概要などは，第1章を参照されたい。

２）対等合併方式ではなく編入合併方式であったことが，住民にどのように受けとめられたのかは十分に把握できていない。単なる合併方法論の問題にとどまるに過ぎず，あまり大きな影響はなかったのか，あるいは旧市と旧町村の双方に，何らかの上下関係を意識させるものであったのか，さらに，これによる合併後の市政運営への影響など，検討すべき課題は残っているが，ひとまず本章では編入合併方式であることが，旧日田市とそれ以外の旧町村の合併評価に影響を及ぼしていると仮定して，編入した側（編入側）の旧日田市と，編入された側（被編入側）の中津江村，旧上津江村とを区別することとした。

３）介護保険法などに根拠を持つ施設ではないが，旧中津江村では，高齢のため独立して生活することに不安を感じる高齢者を対象として，居住と食事を提供する施設として開設された。

【参考文献】

地域社会学会（2004）『地域社会学会年報』16

————（2005）『地域社会学会年報』17

地域社会問題研究会（1996）『「中津江村農村活性化に関する基礎調査業務」報告書』

福武直編（1958）『合併町村の實態』東京大学出版会

日田市企画振興部地方創生推進課（2017）『第 6 次日田市総合計画』

池口功晃（2014）「市町村合併と人口減少社会——大分県日田市を事例に」『地域社会研究』24：24-27

小原隆治（2007）「長野県の広域連合問題にどう取り組んだか」小原隆治・長野県地方自治研究センター編『平成大合併と広域連合　長野県広域行政の実証分析』公人社：2-8

国土地理院（2022）「全国都道府県別・市町村合併新旧一覧図（平成 15 年以降）」，https://www.gsi.go.jp/KOKUJYOHO/gappei_index.htm（2022 年 4 月 20 日閲覧）

中津江村誌編集委員会（1989）『中津江村誌』中津江村教育委員会

日本社会分析学会（2014）『社会分析』36

日本村落研究学会企画，佐藤康行編（2013）『年報 村落社会研究 第 49 集 検証・平成の大合併と農山村』農山漁村文化協会

日本村落研究学会企画，庄司俊作編（2014）『年報 村落社会研究 第 50 集 市町村合併と村の再編　その歴史的変化と連続性』農山漁村文化協会

奥田憲昭（2009a）「過疎地域高齢者の生活構造と生活課題——大分県日田市旧 5 町村の福祉コミュニティ形成に向けて」『大分大学経済論集』61（4）：37-68

————（2009b）「周辺町村における福祉サービスの変化と住民評価——大分県日田市の合併を事例として」『社会分析』36：29-47

市町村の合併に関する研究会（2006）『「平成の合併」の評価・検証・分析』，https://www.soumu.go.jp/gapei/pdf/080616_1_2.pdf（2022 年 4 月 20 日閲覧）

新明正道（1956）「地域社会の組織化——町村合併の一問題」『社会学研究』11：
  1-12

総務省（2010）『「平成の合併」について』，https://www.soumu.go.jp/gapei/pdf/
  100311_1.pdf（2022 年 4 月 20 日閲覧）

総務省地域力創造グループ過疎対策室（2022）『令和 2 年度過疎対策の現況』，
  https://www.soumu.go.jp/main_content/000807031.pdf（2022 年 4 月 20 日閲覧）

鈴木広（1970）『都市的世界』誠信書房

高野和良（2008）「地域の高齢化と福祉」堤マサエ・徳野貞雄・山本努編著『地方
  からの社会学——農と古里の再生をもとめて』学文社：118-139

————（2009）「過疎農山村における市町村合併の課題——地域集団への影響を
  もとに」『社会分析』36：49-64

————（2011）「過疎高齢社会における地域集団の現状と課題」『福祉社会学研
  究』8：12-24

徳野貞雄（2008）「農山村振興における都市農村交流，グリーン・ツーリズムの限
  界と可能性——政策と実態の狭間で」『年報 村落社会研究』43：43-93

山本努（2009）「『市町村合併の社会学』によせて」『社会分析』36：3-4

山本努・高野和良（2013）「過疎の新しい段階と地域生活構造の変容——市町村合
  併前後の大分県中津江村調査から」日本村落研究学会企画，佐藤康行編『年報
  村落社会研究　第 49 集　検証・平成の大合併と農山村』農山漁村文化協会：
  81-114

第7章
現代農山村の展望

第1節　100年間を見据えた農山村の人々の社会的変化

■1-1　生活基礎集団（家族・世帯）の変化と変容

　時代が平成から令和という時代に変わった。平成の総括の多くは産業史観的な視点が多かった。「リーマンショック」や「失われた10年」などの文脈・文言によって，マスコミ等が総括していた。しかし，平成期の最大の特徴は，社会集団の根源的基盤である「家族・世帯」の変容・分裂が最も重大な事柄である。この変化・変容は一見するとドラスティックには見えないが，深く広く構造的な大変動を引き起こし始めている。すなわち，日本の社会の根幹である基礎集団（家族・集落）の基盤が，農業・定住型社会から産業・移動型社会への変容に適応できず，世帯が超極小化と空間的分散化によってバラバラになった。その結果，社会的基盤の基礎集団の再生ができないまま，様々な社会的な現代的課題（老後・介護問題，育児・教育問題，未婚・非婚率の上昇，出生率の低下，近隣関係の疎遠化など）を引き起こしている。特に，地域社会や集落維持については，非常に強い影響を与えている。このことを長期スパンのデータから見てみると，次のようになる。

　2020年は，1920（大正9）年の第1回国勢調査から100年経ち，日本の社会がどのようにドラスティックに変わったかを，様々な視点から見ることができる基軸となる年でもある。たとえば，人口は5,600万人から1億2,600万人まで倍増した。しかし，世帯数は1,100万世帯から5,400万世帯まで4倍に増えた。そして国民の多くは，農業就労を行っていた農民から，雇用労働者（サラリーマン・消費者）にワープした。また，国民の8割が，農山村居住から都市居住

図 7-1 世帯員数別の人口

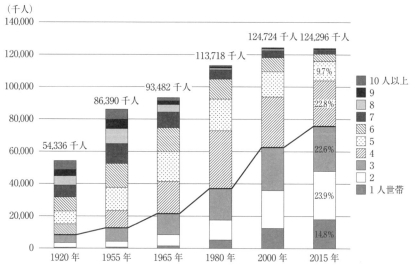

に移動を行った。そのような中でも最もこの 100 年間の変化を集約できる象徴的データが，図 7-1 の世帯人員別の人口データである。

　図 7-1 は，1920（大正 9）年の第 1 回国勢調査から，1955 年，65 年，80 年，2000 年，2015 年の各年次の総人口に対する世帯員数の違いによって人口割合を示したものである。すなわち，右端の 2015 年の総人口 1 億 2,429 万人に対し，1 人世帯の人口が 1,841 万人であり，総人口比 14.8％を占めていることを示す。一方，第 3 章の図 3-2 は，総世帯数に対する割合であり，2015 年の 1 人世帯の割合は，34.5％である。すなわち，世帯割合と人口割合のどちらで世帯員数の比率を見るかは，かなり重要なことである。

　次に，年次別に具体的に解説すると，100 年前の 1920（大正 9）年では，まだ日本社会は，圧倒的に農業をベースとする農村社会であったために，3 人以上の世帯が圧倒的に多く，多世代同居型の伝統型農村世帯を形成していた。この傾向は，戦後の 1965（昭和 40）年頃まで続き，高度経済成長期に突入していても，社会のベースである世帯構成や農村人口は，まだ圧倒的に伝統型の形態を示していた。

　すなわち，一つの家に祖父母，子どもたち（4〜6 人）が居住して共同生活を行う家族共同体的な形態を示していた。その状況の中で，「世帯＝家族」という考えが社会的に醸成された。この状態は，ほぼ 1965 年頃まで続いている。第 3 章で触れたように，【昭和前期】の日本社会は，圧倒的な（1500 年以上に亘る）稲作農業をベースとする定住社会であった。家族や集落に関する社会的基礎集団は，「イエ」「ムラ」等のタームなどで表象され，現代人にも根深く影響している。

　高度経済成長が始まってくる 1965 年〜1980 年には 4 人世帯が最も多く，急速に 7〜8 人以上の世帯が激減し始める。これが，マスコミが名付けた『核家族化』という状況を示しており，農村から多量の若者や壮年層が都会にサラリーマンとして流出してきた社会状況（高度経済成長期）を示している。ここで注目すべきは，農山村に残った親世帯のことは，社会学的には全く関心が払われなかったことである。「4 人を軸とする世帯」は，都市型の若年層夫婦世帯（夫・妻＋未婚の子）だけではなく，農山村に残存した（親世代＋未婚の兄弟姉妹）および（親世代＋祖父母など）の世帯も数多く存在した。多分，「4 人世帯」の内，都市居住型世帯と農村居住世帯は，半々であった時代も長かった。

　しかし，社会学が①学術的データよりもマスコミ的言説，および②「家族と世帯概念の曖昧さ」の両方に歪められたまま，「2 世代 4 人世帯」＝都市の核家族＝核家族化という，非学術的な用語を社会学の学術用語に滑り込ませてしまった。この高度経済成長期を伝統的家や家族の崩壊として，山田洋次等の映画監督は，『家族（1970）』，『故郷（1972）』などで，農山村家族の変容に焦点を当てていた。すなわち，この時期はおおまかにいえば，ひとつの「家族・世帯」が，田舎の世帯と都市の世帯に分裂した時代である（NHK の朝の連続ドラマのモチーフ）。このように，家族≒世帯の形は，かなり根強く残存していた。

　しかし，2000 年になると全く状況が変わってくる。社会の基盤であった家族と地域社会の岩盤が溶解し始めたと思わざるを得ない。世帯・家族からみてみると，2000 年には 1 人世帯や 2 人世帯が急激に増え始める。2015 年には，1 人世帯が 1,800 万人を超え，総人口の 15％ 近くを占めてきた。すなわち，都

市型単身者と高齢者の単身世帯が一気に増大し始めた。いわゆる，『お一人様の世界』が急激に広がり始めたのである。社会での暮らしは，家族や地域といった人間的関係性の中で生活課題を処理するという従来の「人間社会」から，SNS などの情報や産業システムなどのサービスに依存する「インフォメーション・テクノロジー社会（IT 社会）」に変貌し始めた。この中で，人間社会の維持・存続をどうするかが大きな課題となり始めている。

　具体的に見てみよう。2015 年では，3 人暮らし以下の世帯が全人口の 61％を占め，世帯の多くは極小化している。同時に，この世帯の極小化は，家族・世帯の分散化を伴っており，人々はバラバラにならざるを得ない状況の中で暮らしを営まざるを得ない。このバラバラの隙間を IT 情報と資本主義的な商業サービスと行政サービスで埋めていくことを強いられている。この状況に不安および不透明さを持つ人も多くいる。

　しかし，未だに「世帯＝家族」だと思っている昔ながらの認識が，今でも社会的常識として確信しているのが最大の問題である。1920 年代に世帯を通じて家族だと思っていた形態は，大きく変化した。具体的実態を言えば，若い人たちは大学や就職で都会に行き，アパート・マンションで一人暮らしをしている。また，壮年者は地方都市で夫婦と子どもの核家族を営み，さらに高齢者は実家の農村に残り，年寄り夫婦もしくは独居高齢者として暮らしている。すなわち，祖父母・父母・子どもの形態が 3 つに分裂し，別々に暮らしている形に変わった。家族が同居して暮らしているということが非常に少なくなったのである。

　これが，我々現代人の家族生活の現実であり，令和の社会構造の現実なのでもある。すなわち，昭和後期（1960 年）から平成・令和という時代は，我々が1500 年近く築いてきた定住型の農耕社会の基本構造を転換・変更し始めた大変動期なのである。そして，移動型の産業社会における，我々の日常の安定した生活モデルを構築することができていない。特に，家族・集落といった生活基礎集団の変化・変容は，我々個人の日常生活に大きな影響を及ぼし，生活の維持・安定に不安を引き起こしている。なお，我々の研究パラダイムは，生活

構造論的な総合アプローチであり，【「個人レベルでの行為・活動」⇔「生活構造レベルでの分析」⇔「社会構造レベルでの分析」】を総合的に分析していくアプローチをとる。

■1-2　「社会移動」が世帯・家族および地域社会に及ぼした影響

　この「家族」・「世帯」を軸とする生活基礎集団の変動・変容を生み出した最大の要因は，「社会移動」という変動現象である。この「社会移動」という概念が示す社会変動の内実は，人類が有史以来経験した変動の中でも，最も強烈で広範域に影響を及ぼしている。一般的には，近代化・産業化・都市化といった社会変動の複合体であり，全世界に19世紀から現代まで長期に継続している変動であり，人々の日常生活のあり方が根本的に変わっていく原因群を形成している。

　社会移動という概念は，アメリカ（ロシアから亡命）の社会学者 P. ソローキンの *Social Mobility* の訳語である。ソローキンは20世紀の世界の変化を産業化と人口移動を中心とした「社会移動」という概念で世界の変動を説明した。「社会移動」を大きく分けると，2つの内容に分類できる。ひとつは，水平移動，もしくは空間移動である。いわゆる暮らす場所が変化する，移住とか転居のことである。もうひとつは，垂直移動と呼ばれる職業等の変化であり，階層移動とも呼ばれる。特に，親の職業と子どもの職業が大きく変化することにも注目している。すなわち，進学や就職および転勤等で住む場所が変わることと，親と同じ職業に就かないということが，定住型の農業社会から移動型の産業社会に転換したということである。この変化が，近代の人々の生活に最も大きな社会変化を引き起こした。

　人々は教育を受け「良い学校に行き，良い会社に就職し，豊かな生活を送ることを，現代社会での人生の目標」にしている。しかし，この目標は別の視点から見ると，「意図せざる結果」として家族・世帯の極小化や分散化を引き起こしたり，過疎化や都市化および介護問題や競争社会の激化といった社会問題を発生させる，根本的な社会的要因であることを，知っておきたい。

　ソローキンは，20世紀に入り世界的に産業化や近代化が進むと，人々は親が行っていた農業から急速に雇用労働型の多種多様なサラリーマンに変わり，居住する場所も親と同じ農村空間から，都市部の様々な場所に移動する傾向が全世界に発生したことを指摘した。時にはアメリカへの移民などの国際的な人の移動も起こった。すなわち，この人々の暮らしの変化が都市化や産業化・近代化と言われ，現代社会のあり方を大きく規定し，社会を変動させた原動力であった。マクロな視点から見れば，世界規模の工場・大企業群や巨大都市化といった20世紀の産業資本主義的社会が出現した。一方，ミクロな視点から見れば，家族のあり方や集落の形態など，人々の日々の暮らし方に直接大きく変化を及ぼす影響を与えた。近代の社会移動という，社会の構造の産業化や近代化というマクロな変化は，意図せざる結果として，最も基礎的で小さな社会的単位である，世帯と家族の関係を変容させたのである。

　この社会移動の実態を，日本社会の中で具体的・データ的に示しているのが，次の表7-1，7-2である。この表は，1920年の第1回国勢調査から2015年の第20回国勢調査を軸として，約100年間の日本の社会や生活の変化をデータ的に表示したものである。表7-1は数量的データで，この100年の日本の社会構造（人口・世帯・農家数・未婚率・平均寿命・GDP等）の変化をトレースしたものである。一言で言えば，「日本社会が農業をベースとした農村社会から，産業をベースとする移動型社会に変わった」ことを示している。特徴的現象としては，第一に人口は2倍に増えたが，世帯は5倍に増えて，世帯がバラバラになった。第二に百姓をやめ，都会のサラリーマンになって豊かになったが，競争社会の中でイライラし，疲れ果てている。第三に平均寿命が80歳を超えたが，未婚率も急上昇しており，自分のライフスタイルを安定させることができない不安の中で，人生に「生き悩ん」でいる。

　以下，表7-1のデータを詳細に検討してみたい。主な指標は総人口・総世帯数・総有業者数・農業就業率・GDP・GDPに占める農業生産率の5つの指標である。この指標からは，日本の社会が1960年頃までは農業をベースとする農村社会がマジョリティであったことがわかる。100年前の1920（大正9）

表 7-1　社会構造の時代区分別の基本属性の指標

	明治・大正期		昭和前期		昭和後期		平成期		令和期
	1872年 明治5年	1900年 明治33年	1920年 大正9年	1955年 昭和30年	1965年 昭和40年	1980年 昭和55年	1990年 平成2年	2015年 平成27年	2025年 令和7年
A　総人口	3480万人	4384万人	5596万人	8927万人	9827万人	1億1706万人	1億2361万人	1億2709万人	1億2254万人
B　総世帯	—	—	1112万世帯	1738万世帯	2306万世帯	3410万世帯	4067万世帯	5333万世帯	5412万世帯
C　総有業者数	—	—	2732万人	3959万人	4796万人	5581万人	6168万人	5891万人	
D　農家世帯数			548万世帯	604万世帯	566万世帯	466万世帯	383万世帯	215万世帯	社人研 (2017：018) による推計
E　農業従事者数	1469万人	1357万人	1391万人	1485万人	1151万人	697万人	481万人	209万人 (*2018年＝ 175万人)	
E-2　農地面積	—	—	6,071,889ha	5,183,073ha	5,133,831ha	4,705,587ha	4,198,732ha	2,914,860ha	
農家率〈D/B〉	—	—	49.3%	34.8%	24.5%	13.7%	9.4%	4.0%	
農業就業者率〈E/C〉	77.0%	55.2%	50.9%	37.5%	24.0%	12.3%	7.8%	3.5%	
F　生涯未婚率　男			2.17%	1.18%	1.50%	2.60%	5.57%	23.40%	
生涯未婚率　女			1.80%	1.47%	2.53%	4.45%	4.33%	14.10%	
G　初婚年齢　男			25.02歳	27.05歳	27.41歳	28.67歳	30.35歳	31.10歳	
初婚年齢　女			21.16歳	24.69歳	24.82歳	25.11歳	26.89歳	29.40歳	
H　平均寿命　男			42.06歳	63.60歳	67.74歳	73.35歳	75.92歳	80.75歳	
平均寿命　女			43.20歳	67.75歳	72.92歳	78.76歳	81.90歳	86.99歳	
I　GDP(国内総生産)				8兆8000億	34兆6000億	251兆5000億	457兆4000億	530兆5000億	
J　農業総産出額〈J/t〉				1兆6千億 (18%)	3兆2千億 (9%)	10兆3千億 (4%)	11兆5千億 (2.5%)	8兆7千億 (1.6%)	
②「食と農」における、時代区分による社会・政策の大転換			1920 第一回国勢調査	45 46 47 日本国憲法発布 農地改革 第二次世界大戦の敗戦	60 61 62 全国総合開発計画 農業基本法 所得倍増計画	70 74 75 過米の減反政策 過疎対策緊急措置法	80～99 2000 06 11 18 有吉佐和子「複合汚染」 東日本大震災 有機農業推進法 中山間地等直接支払制度 食料・農業・農村基本法 食の安全性の動き	「小農と農村で働く人々の権利に関する国連宣言」	19 「新しい小農」刊行

　年の日本の社会構造を素描すると、人口 5,596 万人、総世帯数 1,112 万世帯のうち、農家世帯が 548 万世帯で農家率 49.3％ であった。また、農業就業者率 50.9％ であった。すなわち、日本人の 9 割近くが農村的な環境に住み、暮らしの大部分が貨幣経済とは異なった半自給的な農的生活によって営まれていた。すなわち、日本社会の基本構造は農業をベースとする農村社会であった。

　また、1931 年の満州事変から 1945 年までの第二次世界大戦（長期にわたる戦時体制も）、社会的には農業・農村社会の上に展開されたものであり、日本人の社会生活の根幹は、農民的な世帯・家族・集落の上に展開された生活様式

によって形成されていた。この基本的構造が大きく変化するのは，1960年代からの産業化・近代化に伴う急激かつ大規模な「社会移動」によってである。1960年頃から1980年代頃までを高度経済成長期と呼ぶが，同時に，大規模な「社会移動」による社会変動期でもあった。ほぼ〔昭和後期〕に相当する。

　この期間の前後では，多くの社会的指標が変化しているだけでなく，様々な新しい社会的現象が発生した。たとえば，高校や大学等への進学率の増加，集団就職や進学者による都市型労働者の増加と農業者の減少，見合い結婚から恋愛婚に見られるような伝統的な家族制度からの離脱などである。これらは個々の新しい現象であるが，トータルとしては個人レベル，集団レベル，社会構造レベルに波及し，全体的な社会の大変動を引き起こしてきた。

　この高度経済成長期という社会変動は，日本を農業をベースとする「農村社会」から工業・商業をベースとする「産業社会」に転換させた。また，国民を百姓からサラリーマンに大きくワープさせた。そして，そのことに関連する人々の日常の生活様式や生活構造にも大きく影響を与え，現代も変化し続け安定化はしていない。多分，有史以来の暮らしの大変動期を我々は迎えていると覚悟した方がよい。これが昭和後期から平成期および令和期へと続く，社会的大変動期と後世に言われることになろう。ここで重要なことは，1960年頃を境として，日本社会はマジョリティとしての「農業社会」から，明らかに「ポスト農業社会」に変容した。だからといって，日本社会から農業がなくなったり農村社会が消えてゆくとは，全く考えることはできない。農的生活は量的にはマジョリティからマイノリティに減少したが，人間存在そのものや人間の生活（暮らし）の本質から，農業・農村といった領域を排除・消滅させることはできない。なぜならば，食べ物（食糧）を外国や科学的な生産に置換できたとしても，人間存在および社会生活の共同性を排除・消滅させることができないからである。すなわち，人間における社会的関係性や共同性は，農業労働や農村生活の中から生まれ，そして担保されているからである。まさに「人はパンのみにて，生きるにあらず」（聖書）である。

■1-3　共同体の解体とその社会的影響（時代的特徴）

表7-2は，この100年間の生活構造や生活スタイルの変化を時代区分的にトレースしたものである。一言で言えば，共同体的な生活構造が，産業化や急激な社会移動によって解体してきた過程ともいえる。また同時に，その共同性の解体に対する抵抗や共同性の再構築に関わる活動でもある。

人々が日常的に感じてきた社会の共同性のあり方は，1960年代までの【昭和前期】の農村社会で育った人と，1990年以降の【平成期】の産業社会で育った人では，随分異なったものとして自覚されている。また，60歳以上の人と35歳以下の人では，文化が異なるぐらい多くの価値観や生活への感性が異なっている。これは，生まれ育った時代の社会的共同性の受容の差異から発生

表7-2　時代区分の生活構造上の「食と農・家族・暮らし」の特徴の変遷

			明治・大正期		昭和前期		昭和後期(高度成長期)		平成期		令和期
			1872年 明治5年	1900年 明治33年	1920年 大正9年	1955年 昭和30年	1965年 昭和40年	1980年 昭和55年	1990年 平成2年	2015年 平成27年	2025年 令和7年
	総人口		3480万人	4384万人	5596万人	8927万人	9827万人	1億1706万人	1億2361万人	1億2709万人	1億2254万人
	総世帯		—	—	1112万世帯	1738万世帯	2306万世帯	3410万世帯	4067万世帯	5333万世帯	5412万世帯
A 食と農	ア	社会的特徴	農村社会				転換期(高度経済成長)		サラリーマン社会		
	イ	対象者	百姓 (マジョリティ)				(農民・(生産者)・兼農家) パラダイム転換		小農(マイノリティ) 消費者(マジョリティ)		(農的生活者)
	ウ	(農)業の特徴	食料不足の下の『生業』(生産と生活の一体化)⇒「生産力農業論」的世界				農業・所得が基準(農業・職業化)(生産と消費の分離)		規模拡大 近代農法 VS 小農有機農業		※1「生活農業論」的世界の視角
	エ	社会経済体制	「地主・小作制」と後発型の日本資本主義				自作農主義をバックに高度経済成長 農業離脱(兼業・離農化)		社会的基盤の溶解 家族と世帯の分離		
	オ	食糧(事)	飢餓的		食糧増産		豊かさの追求の中心(外食・中食)		輸入増加の飽食		食品ロス,子ども食堂
	カ	人口政策	農村の過剰人口(二,三男対策)				過疎・過密(人口移動)		限界集落		※3 ヘタリ集落化
	キ	農村政策	伝統的定住型「イエ・ムラ」社会				近代化・民主化・都市化		地域おこし(活性化)		※2 戦後農山村の政策史
B 家族	ク	家族観	直系家族観 (祖父母+直系父母+子どもたち)				近代化・民主化と「核家族」観 都市型(夫婦・子ども)		社会移動に生活基盤の溶解(祖父母/父母/子どもたち)の別居		
	ケ	世帯	本家・分家		「イエ・ムラ」(封建遺制論争)		都市化・核家族化		極小化・分散化		※3 過疎地の三層構造
	コ	結婚	生活婚		見合婚		恋愛婚		晩婚化・非婚化		
	サ	生活感(規範)	家父長制				民主化・近代化		ジェンダー・フリー		
C 人口動態	シ	平均寿命	人生50年				人生60年		高齢化・人生80年		
	ス	出産・死亡	多産多死		多産中死		少産少子		少産多死		
	セ	居住移動	定住型田舎				移動(都市集中)		三層構造(分散)		

※1　生活農業論　　※2　戦後農山村の政策史　　※3　過疎地の三層構造

しているものである。

①［職業・出生地と共同性］表7-2の（ア・イ）であるが，人々の一般的な職業は，百姓からサラリーマンにワープした。これが，農村社会から産業社会への最も大きな変化である。また同時に，農村居住者8に対し都市居住者2だった1960年から，1990年には全く逆の2対8に変化し，日本の急速な都市化が進んだ。この1960年〜1990年の【高度経済成長期】は，日本人最大の変動（転換）期であった。

②［食と農の生活観］表7-2の（ウ・エ）であるが，【昭和前期】に生まれた65歳以上の人は，飢えに苦しんだこともあるし，農産物を作る経験や苦労が日常生活の近くにあった。【高度経済成長期】に生まれた人は，飢えの経験は既になく，農産物をお金で買う消費者に変貌していた（生産者から消費者への転換）。一方，【平成期】に生まれた人の多くは，農業の世界は遠くにあり，意識しないと「食と農」の意義や有難みがわからなくなってしまった「ポスト農業社会」に暮らしている。また，ご飯よりもパンが主食になり，外国の農水産物を日常的に食するグローバル的世界に引きずり込まれている。「食の農」について一言で言えば，「飢えはなくなり飽食になったが，コンビニでレトルト食品を買い，家で一緒に食べてくれる人はおらず，『子ども食堂』が増大している。豊かにはなったが，幸せかどうかは不明である」。また，国内的には飽食であるが，世界的には7億人の飢餓人口を抱えている。また，日本が世界の貿易農水産物の10分の1を輸入していること等を，人々は全く意識していない。

③［人口と地域観］表7-2の（カ・キ・ク）の地域の人口や家族（世帯）観について見てみると，この100年で全く逆の現象が起こっていることがわかる。100年前の日本のマジョリティであった農山村の人口は過剰であり，次三男対策が大きな社会問題として学術的にも政策的にも検討されていた。現代では農山村の過疎問題だけではなく，日本の社会全体の少子化問題に対応すべく，ほとんど有効性のない「地方創生」政策を口だけで繰り返している。特に，1960年代からの【高度経済成長期】にもてはやされた都市生活の輝きが【平成期】には色褪せ，一部には「里山資本主義」や田園回帰等といったムーブメントが

発生してきている。現代の日本人は，モデルとすべき地域社会像を持てなくなっている。なお，「世帯と家族観」については，本章1-1で述べたように，大きく変化している。

④ ［生活婚の解体］の問題であるが，生涯未婚率が1960年頃までは男女共に1%，2%台だった時代から，大きく変貌した。2015年では，男23.4%（4人に1人）が生涯未婚であり，女は14.1%（7人に1人）が一生涯結婚していない状況になっている。当然，この非婚問題や晩婚化問題の原因に対しては，様々な角度や視点から分析や検討がなされている。最も重要だと思われる視点は，『生活婚』（徳野・柏尾 2014）という概念であろう。すなわち，1960年頃までは成人男女は，結婚しなければ生活ができなかったという生活構造上の社会状況であった。見合い婚や恋愛婚はあくまで結婚へのプロセスの選択肢に過ぎず，1960年以前の人々の結婚の本質は，夫婦を軸に衣食住のすべてにおいて家族・世帯員の相互扶助的な生活機能によって日常生活を維持していたのである。電気・電灯，冷蔵庫，洗濯機，プロパン，ガスレンジ，コンビニ，スーパー，自動車，電話…etc.なしでの日常生活を営むことを考えてみてほしい。『生活婚』が上位概念であり，見合い婚や恋愛婚は下位の手段的概念として考えられる。

⑤ ［個人主義的なライフスタイル］表7-2（コ・サ）　1960年頃から社会移動によって，イエ・ムラをベースとする集団的空間（知り合い空間）から都市への移動によって，個人主義的な生活空間での人間関係と集団関係を作り始めた。昭和前期までの家父長制的価値観や社会認識は，大きく後退した。しかし，都市移動した田舎の若者たちも，生活するパートナーなしでは都市生活もできなかった。だから，1970年代，80年代は，会社の上司が仲人を行う『仲人婚』が増大していた。

⑥ ［晩婚化・非婚化の進展］表7-2（コ・サ）　非婚率が増加してくるのは，1980年代からである。男性で1980年2.60%，1990年5.57%，2000年12.57%，2015年23.40%，と急激に増加している。すなわち，1980年代までは，人々は結婚することを人生のライフスタイルの中に組み込んでいた。しかし，現代では一人では生きていけないが，結婚という選択肢だけがパートナーの獲得で

はなくなってきた。むしろ，パートナーを金銭的サービスや機械的サービスに頼ろうとする人たちも出てきている（お金さえ出せば，いくらでもサービスしてくれるパートナーはいる）。

⑦［平均寿命の伸びと少子・高齢化］表7-2（シ・ス）　現代（令和）では，日本では還暦（60歳）を超えるのが当たり前で，古稀（70歳）を超えても年寄りではない。大正期や昭和期では考えられないくらい，長寿化が起こっている。「人生100年時代」は大げさであるが，「人生80年時代」は現実となっている。これに伴い，既存の人生設計も大きく変更しなければならないのに，多くの人々が変更できずに戸惑っている。また，出生率も低下し，少子・高齢化の人口ピラミッドになっている。その結果，社会の人口構成が△から▽に変わったことにより，様々な生活システムが変容してきている。

⑧［高学歴化と競争の激化］表にはまとめていないが，【昭和前期】の1960年頃までの社会では，高校や大学等の高等教育機関に入学した者は少数であった。だから，中卒・高卒・大卒といった学歴的ヒエラルキーが，社会的に成立していた。しかし，高度経済成長期以降，急激な高学歴化が進展し，平成期には98％が高校進学し，大学進学も50％を超え始めた。その結果，社会は一見平等になったように見えるが，猛烈な競争社会に突入した。社会階層は，かつての身分社会→学歴社会→競争社会へと変化し，非常に過酷な競争社会を現代の若者たちに強いている。逆に言えば，高校卒業資格を持たない人は社会的に排除される，非常に窮屈な（生きづらい）社会になっている。

第2節　他出子のUターンとJターンを軸とした人的資源の再発見

■2-1　都会に流出した若者たちは，時間とともに7〜8割が故郷に帰郷している

第1節で，「100年間を見据えた農山村の人々の社会的変化」を見てきた。農山村の人々がこの100年間で何が変わったかを見てきた。まずは，「家族概

念」の変化を軸に，家族・世帯という生活基礎集団が極小化・分散化している社会的大変化を明らかにした。第二に，「社会移動」概念をベースに，産業化や都市化の社会過程を見てきた。「百姓」が「サラリーマン」にワープする中で，農地の縮小や農業生産額比率（GDP 比率）の減少や，過疎化や離農化などの，農業・農村社会の 100 年間の変化を克明にトレースした。そして第三に，その 100 年間の変化の結果，現代ではどのような現象や社会的特徴が発生しているのかを明らかにした。

　本節では，この 100 年間の変化を踏まえた上で，現代の農山村にとって最も重要な課題となっている担い手（人口動態）問題を中心に，今後の農山村の展望を見ていきたい。すなわち，農業生産をどうするかではなく，過疎化を軸に若者の U ターンや定住および少子・高齢化の中での，農家・集落の維持・存続をどうするかに焦点を当てて検討する。別の言い方をすれば，「担い手を軸にした村づくり」を考えていきたい。

　ここで，非常に重要なことを指摘したい。1960 年代の高度経済成長以降，農山村の若者のみならず多くの人々が，就職や進学で都会に出て行った。特に，人口移動の三大都市圏への転入超過は激しく，1955 年～1970 年までは，東京・大阪・名古屋圏に毎年 300 万人～500 万人の人たちが集まっていた。また，1987 年前後には，200 万人くらいの転入超過であった。すなわち，地方から見れば，膨大な数の転出者を都会に送った。

　しかし，この時に都市部に移動した人たちがその後どうしたかは，誰も問うていないし，調査もしていない。もし仮に三大都市圏に移住し，定住したままならば，三大都市圏の人口だけで 1 億 5,000 万人を越え，日本の総人口よりも多くなる。すなわち，都市部に移住した後の居住状況は，①都市に移住したまま都会で暮らす，②都会から他の地方に移動している，もしくは，③出身地の故郷およびその近隣に移動している。この中で，意外と③の出身地の故郷およびその近隣に移動している人が，非常に多いのではないかと想定している。すなわち，都会への移動以降の移動歴は，センサス的な統計データは全く取ることができないので，行政的にも学問的にも無視・放置されてきたと言わざるを

得ない。しかし，少し推論を働かすと，どうも地方や過疎地から出て行った人々
は，その故郷や実家の近辺に累積しているのではないかと考えられる。

　過疎地の代表と言われる島根県は，1955 年に人口約 93 万人いた。1955 年
から 1975 年にかけて，毎年 2 万 5,000 人から 3 万 5,000 人（平均 3 万人）の県
外への人口流出が起こっていた。20 年×3 万で約 60 万の人口流出になる。また，
1975 年から 2015 年までの県外流出は，平均年間 1 万 7,000 人であるので，40
年×1 万 7,000 人で約 68 万人の流出となる。60 万＋68 万は 128 万人で，島根
県の最大人口 92 万人を遥かに凌駕し，島根県には人が住んでいないことにな
ってしまう。しかし，2019 年には島根県の人口は 67 万 4,353 人いる。自然動
態（出生・死亡）を加味していない社会動態（転出・転入）だけの荒っぽいデー
タであるが，島根県はこの 60 年間に 120 万人強の県外転出者を出しているが，
人口はゼロにならず，現在でも 67 万人の人口を誇っている。

　この現象はどうして起こるのか，素直に考えれば，転出した人たちの多くが
帰ってきていると考えるべきである。すなわち，島根県は県外転出者が多く人
口が減少している過疎県であるという認識と，島根県は人口は減少しているが，
転出した者の多くがやがて県内に還流してくる者も多いという事実とは，全く
矛盾するものではない。同じことが，市町村別の単位でも言える。熊本県益城
郡山都町は，1965 年には 3 万 6,000 人いたが，2015 年には 1 万 5,000 人に減
少している，典型的な過疎自治体である。2008 年から 2019 年の 10 年間の転
出者は 5,875 人であるが，この 10 年間の転入者は 3,830 人もいる。しかし，こ
の 3,830 人の転入者の性別・年齢・世帯構成・職業・学歴・前住地 etc. は一切
把握されていない。しかし，U ターン者が多いことは地元民が確認している。
ただ，行政は人口減少が大変で，I ターン者を軸とした「移住・定住政策」を
促進することをお題目のように唱えている。このように，他出・転出した者の
その後の移動経歴の調査やそのデータもないまま，国・県からのお題目的な人
口政策が過疎地行政の中に一般化されている。行政の政策的なフレーズは，「交
流人口」から「関係人口」へであった。

■2-2　人的資源の再発見装置としての「Ｔ型集落点検」

　現在の過疎農山村は，長期の人口減少と少子・高齢化などの社会的人口資源の枯渇に苦しんできた。数次にわたる過疎法の継承や移住・定住政策の導入など，様々な施策を講じてきたが，展望性は開けなかった。しかし，長期間にわたり都市部に流出した人々の動向や移動歴は，全く調べていなかった。私が全国160カ所で行ってきた「Ｔ型集落点検」分析の結果，他出者の7〜8割が故郷やその近郊に居住していることがわかった。すなわち，「在村者という人的な社会資源が枯渇している」と決めつけていた，農山村の現状認識とは全く異なる風景が見えてきた。車で2時間以内に他出子（者）の7〜8割が居住しているということは，過疎農山村の人々にとって膨大な人的資源の再発見になる。以上のことを簡潔に図7-2によって整理すると，下記のごとくになる。

　すなわち，住民基本台帳（当該の市町村に居住している者―少子・高齢化の限界集落的住民構成）ではなく，「Ｔ型集落点検」からみた，隣接の市町村や県庁所在地などの2時間以内の共同生活圏に移住してきた人たち（車と携帯での日常

図 7-2　Ｔ型集落点検のねらいと展望性

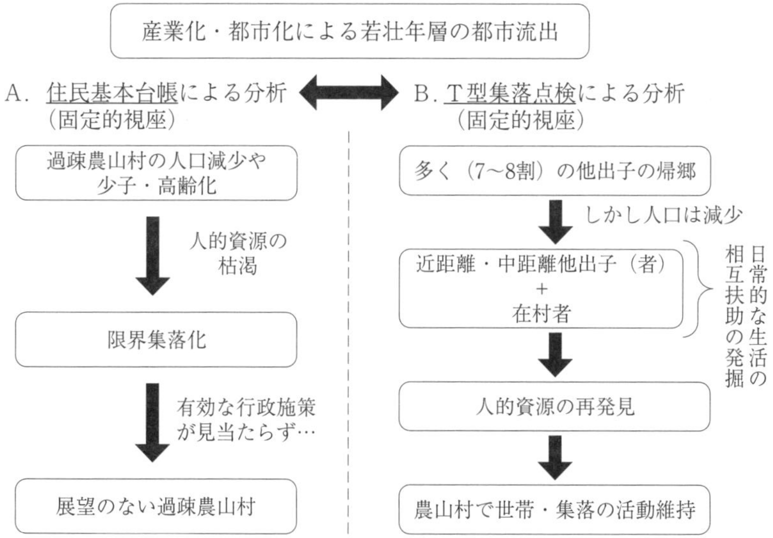

の生活空間の社会的人的資源）を前提とする地域政策は，展望性が全く異なった
ものになってくる。

　なお，「T 型集落点検」については，徳野貞雄が考案した地域社会調査手法
である。調査対象世帯の夫婦をベースとし，T 型に子ども，孫の構成を書き込
む。年齢や居住地，仕事，どれくらいの割合で帰ってくるのかも記入。集落の
安定度を測り，維持する方策を見出していく，ワーキング型の集落調査である。
詳しくは，徳野貞雄『家族・集落・女性の底力』（2014 年，農山漁村文化協会），
松本貴文「新しい地域社会調査の可能性」『暮らしの視点からの地方再生』
（2015 年，九州大学出版会）を参照していただきたい。

■2-3　「T 型集落点検」で析出した［近距離他出子による広域共同生活圏］と［中距離他出子によるセーフティネット生活圏］

　「世帯＝家族」ではなくなったが，家族は簡単に解体したわけではない。
1960 年代以降，多くの過疎地住民が大都市（東京・大阪）を中心に流出してい
ったが，そのまま大都市部に全員が定住したわけではない。いろいろ転居を重
ね，出身地に近い居住地に定住していることが，ここ 20 年の北海道から沖縄
までの各地での「T 型集落点検」で構造的に確認できた。その結果，車で 40
分前後に居住する近距離他出子とは日常的な生活共同圏を形成している。一方，
車で 2 時間前後に居住する中距離他出子はセーフティネット的な相互扶助を行
っていることが判明した。

　なお，この人たちは必ずしも同居しているわけではないが，かなりの頻度で
往来し，生活の相互扶助を行ってきた。だから，高齢化率 50％以上の限界集
落でも，人々は田植え稲刈りを行い，買い物もし，生活を維持してきたのであ
る。今までの家族＝世帯とは全く異なった形態（世帯の分散化）の中で生活基
礎集団を構成していると考えている。

　具体的に説明すると，図 7-3 は島根県飯石郡飯南町の谷地区（明治 22 年〜昭
和 30 年までの地方自治体）の事例である。谷地区は現在，84 世帯で在村者 213
人の中山間地の過疎集落である。現在居住している在村者の世帯は，黒色で示

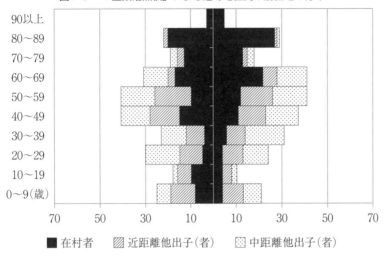

図 7-3　「T 型集落点検」による過疎地住民の居住地の分布

■ 在村者　　◨ 近距離他出子（者）　　▦ 中距離他出子（者）

している．住民台帳に載っている 84 世帯・213 人は少子・高齢化の形態が明確に読み取れる．しかし，「T 型集落点検」は，在村世帯ではなく空間を超えた家族をも聞き出している．その結果，近距離（車で 40 分〜1 時間以内）に居住する家族員（世帯員ではない）の【近距離他出子】が 137 人おり，かなりの頻度で日常的に実家と交流している．また，車で 2 時間以内の，広島市や松江市等の地方中核都市に居住する【中距離他出子】が 160 人おり，折に触れ実家との連携を持っていることがわかった．なお，大阪や東京などに他出した【遠距離他出子】は，115 人いるが，時間経過と共にかなり近場に移動してきていることがわかる．

　以上，飯南町谷地区を，住民基本台帳をベースとする世帯の在村住民から見ると，84 世帯・213 人の典型的な少子・高齢化の住民構成である．この住民構成の中で，行政や住民たちが，「どう活性化するか，悪戦苦闘している．しかし，展望が開けないのが現状である」．しかし，谷地区の住民台帳上の「世帯」ではなく，84 世帯の「家族」（他出子）を分析する「T 型集落点検」を行うと，表 7-3-a のごとく，飯南町内や車で 40 分の広島県三次市等の近距離の

表7-3-a　島根県飯南町谷地区の在村者・他出者の分布

	在村者(64世帯)	近距離他出子・者	中距離他出子・者	遠距離他出子・者	計
N	213	137	160	115	625
%	34.1%	21.9%	25.6%	18.4%	100.0%

徳野調査（2017）

表7-3-b　大分県中津市耶馬渓町樋山路地区の在村者・他出者の分布

	在村者(90世帯)	近距離他出子・者	中距離他出子・者	遠距離他出子・者	計
N	185	178	85	118	566
%	28.8%	33.3%	15.9%	22.1%	100.0%

徳野調査（2018）

　別世帯で居住する人が137人（21.9%）もいる。また，2時間以内の広島市や県庁所在地の松江市等の地方都市には，160人（25.6%）の家族が居住している。

　すなわち，谷地区の人たちは，日常的には携帯電話と車を駆使して，近距離他出子の家族と日々，スーパーでの買い物や役場の行き帰り，病院への通院や食事等を共にすることも多い。このような近距離他出子との関係を，【広域共同生活圏】と呼んでいる。また，中距離の広島市や松江市等の中距離他出子とは，田植えや稲刈り等の支援や入院等のサポートをしてもらう，【セーフティネット生活圏】を形成している。このような他出子との関係の中で，過疎地の人々は暮らしてきた。

　なお，飯南町谷地区とよく似た，大分県中津市耶馬渓町樋山路集落（90世帯185人，高齢化率28.8%）では，近距離他出子が178人（33.3%），中距離他出子85人（15.9%），遠距離他出子が118人（22.1%）となっており，集落の社会的・自然的状況により，若干の差異は発生するが，おおむね家族成員の8割が近場に住んでいる。すなわち，在村者28.8%，近距離他出子33.3%，中距離他出子15.9%の人たちが，かなりコンタクトを取り合いながら耶馬渓町樋山路地区での生活を維持している。

　以上，再度図7-3を飯南町谷地区に焦点を合わせ過疎農山村の［在村者と他出子］や［家族と世帯］との関係を意識しながら，日常の生活関係を整理しておく。

* ＊中心の■色が在村者 213 人であり，完全な少子・高齢化の典型的年齢構成を示している。
* ＊▨色の部分は近距離他出子であり，主に飯南町内や隣接する広島県三次市や島根県雲南市等の近距離（車で 40 分位）の市町村に居住している。

この人たちが，■色の在村住民と共に【広域共同生活圏】を形成している。

* ＊▩色の部分は中距離他出子であり，主に広島市や松江市などの中距離（車で 1 時間 30 分位）の地方都市や県庁所在地に居住している。

この人たちが，■色の在村住民にとって【セーフティネット生活圏】を形成している。

　以上，■・▨・▩色の地域・年齢構成が，過疎地域の人々の日常生活の共同関係圏（分散・極小化した各世帯が，家族として連携を持って暮らしを相互サポートしている範囲）を形成している。現在，日本の行政は，■色の在村者のみのデータで過疎地の地域社会を分析しているため，少子高齢化や限界集落などの集落の衰退傾向を過度に強調する政策しか打つことができない。

　しかし，▨色の近距離他出子と▩色の中距離他出子は，全他出子の 7 割〜8 割に達している。そして，非常に分厚い社会生活関係を構築し，農山村の生活を相互補完している。

第3節　「T 型集落点検」から見た現代農山村の地域構造
——他出子の存在を見据えて

■3-1　過疎地住民の地域の生活構造の「三層構造」

　下記の図 7-4 が，私が約 20 年にわたって全国 160 カ所の過疎地・中山間地を中心に行ってきた「T 型集落点検」の結果を，理念型的に作図して三層構造的に図示したものである。①■色の在村者，②▨色の近距離他出子（者），③▩色の中距離他出子（者），④□色の遠距離他出子（者）に分類できる。過疎地・中山間地の住民の居住地（住民台帳）は，■色の在村者であり，少子・高齢化が甚だしい。しかし，彼らの現実的な日常的な生活範囲は，▨色

図 7-4　過疎地域住民の居住地の「三層構造」（理念形）

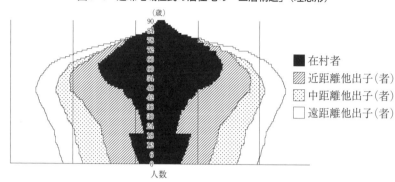

（歳）

■ 在村者
▨ 近距離他出子（者）
▧ 中距離他出子（者）
□ 遠距離他出子（者）

人数

の近隣に他出している子や孫，もしくは ▧ 色の中距離に他出している子や孫
たちと，かなりの連携をとりながら生活を営んでいる。

　ここで重要なのは，分析単位が大きく異なることである。ひとつは，分析単
位である生活者を個人として分析していく，既存の行政的・統計的手法である。
第二は，分析単位である生活者を集団とみなし，家族の繋がり（「家族＝世帯連
携」）が持つ相互扶助的機能を加味するかである。この構造を一般化したのが，
図 7-4 で「過疎地域住民の居住地の『三層構造』」と名付けたい。

　重要なことは，行政が使う住民基本台帳の世帯では，現代の家族の形態や繋
がり，機能等がほとんど見えなくなっていることである。この重要なことに，
ほとんどの人（行政マン・研究者・マスコミ）が，そのことに気づいていない。

　既存の地域研究・分析は，住民基本台帳という行政データに依存している。
しかし，現代の人々は誰一人として，日常生活を住民基本台帳の空間的範域で
営んでいる者はいない。にもかかわらず，住民基本台帳（自治体）内の固定さ
れた空間での研究・分析は，生活実態と異なる虚偽の像を分析していることに
なってしまう。

■3-2　「O ターン」「U ターン」「J ターン」の見直しと性格

　過疎地住民の「居住地の『三層構造』」で重要なことは，O ターン・U ター
ン・J ターンの違いである。従来，U ターンや I ターンについて漠然と分けて

きたが，正確に整理すべきである。子どもや孫が地元に U ターンしてきても，親の世代は，子どもたちが実家に戻ってきて初めて，U ターンしてきたと考える。しかし，子どもたちは実家ではないが同じ市町村内の別の住居や隣接町村のアパートに住んでいる者も多い。この人たちは，まぎれもなく U ターン者であるが，親の認識では「マチに出て行ったまま」である。それゆえ，再度 U ターンの定義を検討しなおしたい。

　まず，■色の在村者でも，70 歳代以下の過半数以上は一度他所に他出している。しかし，実家に帰ってきている形態であるので，広義に言えばほとんどが U ターン者である。しかし，厳密に言えば O ターンと呼ぶべきであろう。実家の親は，家に帰ってきた O ターン者を U ターンだと考えている。このことに注意を払い，O ターンと U ターンは正確に区別すべきである。

　次に▨色の近距離他出者（実家とは別の居住者）は，飯南町内や近接の三次市や雲南市など車で 40 分以内程度の近場に居住している U ターン者である。この人たちも若いころから幾度も移動経歴があり，18 歳で東京の大学に行き，20 代で大阪の企業に勤め，30 代で広島市の支社に転勤し，40 代で三次市に再転勤するような経歴を有している人たちが多いかもしれない（女性の場合，子育て等のサポート支援から，女性の実家の近くを選好する場合が多い）。

　また，▦色の中距離他出者は，広義に言えば，少し距離はあるが（車で 1 時間 30 分程度）地元もしくは近隣の県庁所在地などに U ターンしてきた人たちである。厳密にいえば，この人たちを J ターン者と呼ぶべきである。具体的には，県庁所在地の松江市や広島市等に居住している。

　現在（平成期）の過疎地における生活基礎集団は，在村者（O ターン者を含む）＋近距離 U ターン者＋中距離 J ターン者による「世帯連合」が，【広域共同生活圏】と【セーフティネット生活圏】を形成しながら暮らしを営んでいる。なお，地元在村者の非親族組織の相互扶助も，生活基礎集団として大きく寄与している。なお，本章では，現代の過疎地の家族・世帯・イエを中心とする親族組織の変容と地域社会（集落）の変化を見てきたため，非親族組織への言及は別の機会に行いたい。

次に，「Iターン」と「Qターン」の違いを説明しておきたい。漠然と過疎地に都市部から移動してきた人を「Iターン」と呼んでいるが，「Iターン」の中にはもともと出身地が地方の田舎であり，農山村の暮らし方が身についている人が，東京や大阪などの都市部の暮らしを転々とした後，過疎地・農山村に転入してくることがあり，これを「Qターン」と呼ぶ。

第4節　過疎地・農山村の維持・存続の展望
——【同村会】的な地域共同性の構築

■4-1　同村会の形成と過疎地集落活性化の具体的可能性

　現在の過疎農山村は人口減少の超高齢化社会と言われながらも，居住住民が生活を維持しており，多くは田植え稲刈りなどの農作業も行っている。これらの日常生活の維持は，行政サポートよりも近・中距離他出子との相互扶助や生活支援によって維持されていることも多い。また，近・中距離他出子の多くは実家の親世帯からの様々な支援を受けていることが判明した。このように，伝統的な多世代同居世帯的な家族は少なくなったが，家族の相互扶助機能が解体したわけではなく，空間や世帯を超えて日常的な生活機能を維持し続けている。このように，家族・世帯の形態は大きく変化しても，他出子を軸に生活維持の展望性は確保されている（いざとなったら近・中距離他出子が親世代を見守っている）。

　家族・世帯的視点からの農山村の暮らしは，かなり分厚く近・中距離他出子との関係によって維持・継承されていくことが展望できる。しかし，集落の維持や活動の展望性は，家族・世帯ほど楽観視はできない。他出した子どもたちは，親との関係や活動は黙々と続けるが，集落の活動や行事に参加するモチベーションはそう高くない。

　しかし，大分県中津市耶馬渓町樋山路集落では「T型集落点検」を実施し，視点を住民基本台帳の在村高齢者を軸にした人的資源から，「T型集落点検」の近・中距離他出子を人的資源とする集落活動に組み替え始めている。氏神の

二葉神社の拝殿の屋根の修理では他出子たちにも協力を求め，子どもたちの参加と多くの資金を集めた。また，夏のお盆には新盆の盆踊りに「献灯祭」という形でバルーンを揚げる行事を行い，在村者のみならず子どもや孫にもムラの行事に積極的に参加してもらった。なお，この地域では高齢者の死亡に際し，通夜・葬式を自宅で行うことが周囲の協力で 2018 年に復活した。

　このようなムラの活動や維持の具体的展開に対し，在村者と他出子（者）を加えた「同村会」という組織をつくり，ムラの活動や行事の維持・存続を考えている。

　図 7-5 は，「過疎地住民における生活構造の『三層構造』」をベースにした，実践的な地域活動を具体的に提言したものである。「同村会」活動と言われているものを，イメージ化したものである。これまでは集落にいる在村者の人たちだけで集落のことをやってきたが，近場にいる他出子（者）も含めて集落のことをやっていくプロジェクトを「同村会」プロジェクトと呼んでいる。

　熊本県御船町南田代第四区（23 世帯）は，2016 年の熊本地震によって多大な被害を受けた地区である。また，高齢化も進んでおり，2019 年の正月明け

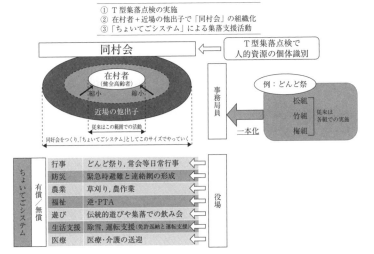

図 7-5　T 型システムの集落行動計画図

のどんど祭りに関しては，やぐらを建てる若者がいないため，どんど祭りの実行は困難になっていた。しかし，この「同村会」プロジェクトの中から，正月に帰省した近隣他出子（者）に声をかけ，1月13日のどんど祭りに参加してくれることを要請した。その結果，他出し別居している子ども夫婦や孫たち42名が参加してくれ，在村住民とあわせて約80名近くのどんど祭りで，家族同士の交流，隣の子どもや孫との会話，他出者同士の再会と情報提供等，様々な効果が発生した。

　この活動は，偶然発生したわけではなく，過疎地住民の居住地の三層構造をベースとする，住民が主体的に執り行える活動プロジェクトとして提言し，5，6回の協議を重ねた上での，区長はじめ住民の方々の積極的な対応によって実施されたものである。なお，このプロジェクトはどんど祭り以外にも，防災活動や道普請等の共同作業活動，また，小学校の同窓会の実施や共同飲食等の活動に拡張していくことを目論んでいる。

　御船町南田代集落は現在，徐々に集落内からの声掛けによって，「同村会」が形成されつつある段階と言える。このように，集落の内外の在村住民と近距離・遠距離他出子の関係を再検討することで，過疎地集落の支援構造を可能にしていく具体的方法を提起したい。

【参考文献】

松本貴文（2019）「地域社会調査の事例　T型集落点検」山本努編『地域社会学入門——現代的課題との関わりで』学文社

徳野貞雄監修，牧野厚史・松本貴文編（2015）『暮らしの視点からの地方再生——地域と生活の社会学』九州大学出版会

徳野貞雄・柏尾珠紀（2014）『シリーズ地域の再生11　T型集落点検とライフヒストリーでみえる家族・集落・女性の底力——限界集落論を超えて』農山漁村文化協会

山本努（2013）『人口還流（Uターン）と過疎農山村の社会学』学文社

付　章
過疎農山村地域における社会調査の課題

第1節　過疎農山村地域における社会調査

　本書では，現代農山村の現状と課題を，各地で実施してきた社会調査結果にもとづいて提示した。主な調査対象地域は過疎地域でもあったが，本章では過疎農山村における社会調査実施をめぐる問題のいくつかを紹介することとしたい。問題の列挙にとどまり，十分に検討を深められてはいないため，調査ノートとしての位置づけである。

　もちろん，どこで誰に対して行う社会調査であっても，注意すべき原則に変わりはないはずである。したがって，過疎農山村地域で高齢者に対して行う社会調査をことさら特別視する必要はないのかもしれないが，後に検討するように，過疎農山村地域の人口が少ないことは，集落の全体像を把握しやすくする一方で，調査結果の公表にあたって秘匿処理を難しくするといった問題をもたらすなど，やはり過疎農山地域での社会調査ならでは問題はあるように思う。

　また，本書の各章で，限界集落論に対して検討を行ってきた。限界という言葉の持つ強烈さもあって，この用語がマスコミ等でも注目され，強い影響力を持ってきたことを示した。しかし，単にマスコミに取り上げられただけで，広く使われたようになった訳ではあるまい。高齢化率の高さのみが注目されるような形で，限界集落論が広く流布していった背景には，過疎農山村地域の実態が，十分に伝えられておらず，いかにもそうなりそうだと，多くの人々が受け入れてしまった現実があるのだと思う[1]。原因の一端は，過疎農山村地域を対象に実施されてきた多くの社会調査の結果が，十分に活用されていなかったことにもあるのではないだろうか。そこで，社会調査結果の公表，さらには社会

164

的還元の問題についても考えてみることにしたい。

第2節　調査結果の公表と社会的還元

　社会調査における調査結果は，量的調査，質的調査にかかわらず調査の最終段階で報告書の作成や調査対象者への報告会の開催などといった形で公表されている。その方法としては，学会発表，マスコミによる報道などに加えて，近年ではインターネット上での公開など多岐にわたっており，それぞれに特徴があるが，やはり基本となるのは，報告書の作成，報告会の開催などであろう。

　報告書や報告会などを通じて調査結果を公表すること，つまり研究成果の公表は，研究者として当然の責務でもある。日本社会学会の倫理綱領において，「会員は，研究の公益性と社会的責任を自覚し，研究成果の公表に努め，社会的還元に留意しなければならない」（第8条）とされていること，また，社会調査法の教科書においても，例えば「（調査）対象者が調査結果について知るのは情報提供者として当然の権利であり，情報略奪型調査にならないために，対象者への（調査報告書の）配布は必要」（括弧内補筆）（藤村 2007：316-317）などと指摘されていることからもうかがえるように，これまで，研究者は実態把握と現状分析に熱心であり，結果の公表や社会的還元についても報告書の作成にとどめる場合が少なくなかったともいえる。さらにいえば，課題解決のための具体的な提案や方法論の提示にまでは意図してかどうかは別として，踏み込まない場合もあったように思う。現状分析を行い，調査結果を伝えることが研究者の役割であり，具体的な課題解決策の検討やサービス提供を行うのは行政や専門機関等の役割であるといった一種の棲み分けが成立してきたといえるかもしれない。

第3節　調査結果の公表をめぐる問題

　調査結果の公表と社会的還元が求められるなかで，実際には様々な問題がそ

れをためらわせることも少なくない。過疎農山村地域における社会福祉領域の調査に限られるわけではないが，調査によって知り得た情報の扱いについて，具体的な判断を迫られる場合がある。

■3-1　プライバシー保護

　過疎農山村地域であるが故のプライバシー保護の問題として，秘匿措置の困難性がある。10世帯に満たない小規模集落で，高齢者を対象とした悉皆調査を実施した。別居子も含む詳細な家族構成をはじめ，生活歴，高齢者調査の定番項目である生活の不安感や困っていることの内容，生活満足度，地域評価，ソーシャルサポートの実態などを学生もまじえて聞き取っていった。事前に報告書等で公表することについて了解を得ていたものの，結局，この聞き取りの内容を対象者ごとに整理した形では公表しないこととした。

　小規模集落であるからこそ，集落に暮らす高齢者全員に聞き取りを行うことができ，総合的な把握が可能となるのであるが，人数の少なさ故に，仮名表記にするといった秘匿措置を施したとしても，集落内ではもちろんのこと，集落外の人であっても内容を読めば誰についての記述であるのかが判明してしまう恐れがあったからである。

■3-2　公的機関関係者との関係

　次に，行政職員や社会福祉領域の専門職といった公的機関関係者との関係のあり方にも注意を払う必要がある。端的にいえば，距離の保ち方である。フィールドに入るにあたって，行政職員や専門職に仲介を依頼することがあるが，こうした公的機関の関係者を協力者としてフィールドに入ることには，メリットとデメリットがある。

　まず，メリットである。中津江村では，行政の保健師に現地での協力者の役割を依頼してきた。そもそも，この保健師との出会いは，1996年調査[2]の報告会に彼女が参加してくれたからであった。報告会での議論を通じて，地域意識，生活環境評価などの住民意識の実態をふまえなければ，保健師として効果

的な住民の健康づくり活動は実現できないとの思いを強くしたとのことであった。

　それ以来，健康相談などの保健活動に同行させてもらいながら，集落に入る第一段階となる事前調査などを実施させてもらってきた。

　行政職員はその地域の住民でもある。実際に，役場の職員というよりも，役場に勤めている○○集落の△△さんという形の方がスムーズに話が通じることも少なくない。行政職員としての立場からの仲介に加えて，地縁的な関係も持つ協力者としても様々な情報が得られるといった事態は都市地域での社会調査ではそうあることではない。しかし，人口の少ない過疎農山村地域ではあまり珍しいことでもなく，過疎農山村地域での調査環境は，恵まれているといえるかもしれない。

　保健師による訪問健康相談は，文字通りの健康相談だけではなく，高齢者の自宅を訪問する際に同行させてもらうことによって，ごく普通の日常生活の姿にふれることもできた。健康相談のなかで何気なく交わされる言葉の端々から，地域の状況を事前につかむことができ，後日実施した集落での聞き取りの冒頭で会話を始める際の糸口になる話題や，対象者との関係形成にあたって得難い情報を捉える機会となった。第1章でも言及した全国的にはふれあい・いきいきサロン活動として知られている高齢者の閉じこもり予防のための活動は，中津江村ではミニデイサービスと呼ばれている。多くの高齢者がミニデイと省略して話していたことから，些細なことではあるが，聞き取りのなかで，「ミニデイは楽しみですか」などとさりげなく使うこともできた。また，高齢者と保健師との会話のなかで，介護保険などの福祉サービスの利用をめぐって，例えば子どもに迷惑をかけたくないといった文脈で語られていたことから，他出子を頼りにしながらも，やはり依存は避けたいという意識をうかがうこともできた。また，調査票の，設問のワーディングや選択肢の候補の検討にもきわめて参考になった。

　しかし，デメリットもある。協力者との関係が深くなると，こちらの意を汲んで対象者を紹介してくれる機会が増えてくる。そうなるとどうしても似たような立場にある対象者ばかりに聞き取りを行うことになってしまう。対象者側

としても，行政職員であると同時に，住民でもある協力者からの紹介となると，批判めいた意見を控えてしまう可能性もないわけではないであろう。公的機関と対立する立場にある人からの聞き取りはさらに難しくなる。このような状況下で得られた調査結果が抱えるバイアスは，結果の解釈にとって影響を与えることになる。

■3-3 倫理的なジレンマ

　島根県の過疎農山村地域で，見守り活動のリーダーに活動の実態や課題について聞き取りを行った際のことである。社会福祉協議会のコミュニティ・ワーカーに同行訪問させてもらい，聞き取りへの了解を得て見守り活動についての話を聞くなかで，ふとした拍子に夫婦のみ世帯で暮らす高齢の彼女が，アルコール依存症で体調をかなり崩し，飲酒を禁じられていることがわかった。禁酒を続けていると話していたが，コミュニティ・ワーカーが席を外した後で，気を許したためか，実は飲酒することもあると話してくれた。

　飲酒を止めるようその場で伝えるかどうかで，まず悩むことになった。とはいえ，相手の意識や行動を受け入れ理解することによってはじめて，相手に受け入れられ，本音を聞かせてもらうことができるということを，フィールドワークの経験者には実感として理解してもらえることと思う。対象者にとって，結果的に望ましくない状態に帰結する情報を知り得たとしても，対象者からの信頼を優先し黙認すべきか，あるいは，コミュニティ・ワーカーなどの専門職に伝えることと引き替えに対象者との関係に微妙な変化が起こることを覚悟するのか，判断に悩むこととなった。聞き取りを続けるなかで，どこで酒を買っているのか，酒を飲んでしまうのはどのような時か，飲んだ後に後悔することはあるのか，夫や他出子からはどのように思われているのか，といったことから，対象者の生活構造がより具体的に浮かび上がってきた。飲酒自体はもちろん問題であるが，飲酒が対象者にとってどのような意味を持つのかを聞き取ることによって，行為自体を非難するだけではなく，高齢者の抱える課題解決につながる可能性も現れてくるように思われた。さらに，聞き取りのなかから，

彼女がリーダーを務める集落の高齢者に対する見守り活動グループが，実は彼女自身の見守りにもつながっているということも浮かび上がってきた。彼女をめぐる社会的ネットワークの実態を意図せず把握することができたのである。

　結局，コミュニティ・ワーカーには聞き取りの後に概要を伝え，それとなく注意を払ってもらうように依頼したのであるが，直後に対象者と出会った際に，何となく居心地が悪かった感覚が記憶に残っている。

　このような事例はまだしも，生活保護や年金の不正受給，虐待などのより深刻で黙認してはならない触法行為に直面した場合には，さらに難しい判断が求められることも，社会福祉に関する調査では起こり得る。

　これらは，調査者が何を「望ましい」と考えているのかが問われていること，すなわち価値判断の問題にもつながっている。福祉専門職の指示に従順な者と，反発する者とに選別することが，結果的に社会的な排除につながりかねないことなどについて，慎重に考えなければならない（稲月　2009：194-195）。

　以上のような問題が，社会調査結果の公表を難しくしていることは否めないであろう。

第4節　調査結果の社会的還元

　社会調査は，現実の様々な問題を対象として，その解決を図るための手がかりを得るための手段でもあるから，社会福祉問題を対象とする調査の特徴をことさら強調してもあまり意味がないし，また，社会福祉問題こそが最も重要な社会問題であるといったような，問題の軽重を問うことの危うさも理解しているつもりである。

　とはいえ，先の例からもわかるように，社会福祉にかかわる社会調査が具体的な解決の迫られる問題を幅広く取り上げていること，その問題意識と調査結果の社会的還元においてきわめて実践的な性格が強くなることは，理解してもらえるのではなかろうか。

　社会福祉領域では，調査結果をふまえた具体的な問題解決につながるサービ

スが実際に提供されたかどうかが問われる。したがって，施策立案やサービス開発を担う行政や専門職といった公的機関が，適切に社会調査を活用することが必要となる。

■4-1　公的機関関係者との連携

　社会福祉領域でも，福祉ニーズの把握とそれに基づいたサービス提供の必要性が強調され，いわゆる計画化の流れが強くなっている。社会福祉法（2000年）では地域福祉計画の策定が地方自治体に求められた。また従前から，社会福祉協議会では，地域福祉活動計画の策定が行われている。地域福祉に関するこれらの計画では，地域住民の参加がキーワードとされ，地域住民が様々な形で策定過程に関与している。例えば地方自治体は住民座談会や策定委員会などの計画策定過程への住民参加と同時に，住民意識調査を行うことによって，地域住民の福祉ニーズの全体的な傾向把握を試みている。しかし，こうした社会調査が適切な方法論に基づいて実施されているかどうかは，また別問題である。

　これらの社会調査は，行政や社会福祉協議会などからの委託や依頼を受けて，研究者が行う場合も少なくない。その場合には調査結果を行政や社会福祉協議会に対して報告書などの形で提出することが当然ながら求められるが，報告書だけを提出することはむしろ稀で，調査の目的，調査票の設計，設問のワーディング，分析の手法，報告書の構成などといった社会調査の各段階で，行政や社会福祉協議会の担当者と議論を重ねていくことになる。調査結果についても，単に報告書を執筆して終わるのではなく，調査結果を伝えると同時に，その意味するところ，解釈，説明を共に考え共有を図ったうえで，施策への反映や新たなサービスの開発，実施につなげていくことが必要である。

　ともすれば，調査をすれば何かがわかるといった焦点が絞り込まれていない調査や，とりあえずニーズ把握や住民意識を重視したという姿勢を強調するアリバイ作りのような調査があることも否定できない。そうした状況に結果的に研究者が加担することにならないようにするためにも，調査の各段階で行政職員や社会福祉領域の専門職と十分に意見交換を行いながら進めていく必要がある。

■4-2　報告会の役割

　公的機関関係者との関係のなかでは，報告会もまた大きな役割を果たしている。中津江村で行った報告会には100人ほど，つまり住民のおよそ1割の参加があった。そのなかで，第6章でも示したように，市町村合併の評価について合併によって地域がよくなったとする者はわずか1%であり，これに合併しても生活や地域は変わらなかったという現状維持を加えても1割程度であったこと，また，8割近くが合併によって地域は厳しくなったという結果を紹介したところ，合併を評価している人がいるのかと，会場が苦笑いに包まれた。行政を通じて参加案内を配布してもらったこともあって，自治会や老人クラブなどの組織から参加を促された参加者も少なくなく，結果的に地域の組織代表に対する会合のようになってしまったため，その反応には注意が必要であるが，こちらの報告に対して，会場からの反応が直接伝わってくることの重みを感じさせられた。

　報告会を行った研究者の立場からは，そうした反応の一つひとつが，報告書や論文として調査結果を公表するにあたって，データの説明や解釈の幅を広げることに大変参考となった。報告書を作成した後に，「最終」報告会を行うよりも，むしろ報告書作成に先だって報告会を開催することも有益と思われる。

　また，報告会には行政や社会福祉協議会の職員も同席していた。調査結果の社会的還元といった場合に，地域住民の生活を改善するためには，行政がどのような施策を立案するのか，専門職がどのようなサービスを提供するのかといったことが大きな影響を及ぼす。そうした専門職が，報告会に参加し，住民の反応を目の当たりにすることによって得られる経験は大切だと思われる。

■4-3　社会福祉専門職と社会調査

　最後に，社会福祉専門職の専門性と社会調査の関係について触れておきたい。

　人口減少と少子高齢化の進行する日本では，増大が予想される高齢者介護のニーズに地域で対応していくことが，政策的に期待されており，厚生労働省は，団塊の世代が75歳以上となる2025年を目途に地域包括ケアシステムの構築を目指している。保健，医療，福祉の各サービスを連携させ，地域での生活継

続の実現が目指されるなかで，専門職間の連携を図ることの難しさも指摘されている。ひとつの要因として，各専門職間で調査研究に対する取り組みが異なることが挙げられる。福祉領域の専門職制度の確立は遅く，1987年の社会福祉士及び介護福祉士法で介護業務，相談業務を行う専門職として介護福祉士，社会福祉士という資格が，1997年になって精神保健福祉士がようやく設けられたことや，業務独占資格である医療保健系専門職と異なり，名称独占資格であるために，社会福祉系専門職の専門性が問われる場合があった。こうした指摘の背景には，医療保健系と社会福祉系の専門職との間の研究活動に対する姿勢の違いが隠れているように思われる。看護師，保健師は，医師との関係が強いこともあって，看護研究，保健研究などの研究活動をいわば当然のことと捉えており，結果を研究会や学会で報告することも稀ではない。一方，社会福祉系専門職は，介護や相談業務に関する研究活動に，社会福祉施設や社会福祉協議会といった組織内で取り組む機会はあまり多くはない。とりわけ相談業務に従事する社会福祉士には，地域社会のニーズを把握するために，社会調査法を理解し，活用することが求められており，実際に社会福祉士養成カリキュラムには，社会調査法は「社会福祉調査の基礎」という独立した科目として含まれている。しかし，日常の業務に追われるなかで社会調査に基づく研究活動の優先順位は自ずと低くなり，現場で社会調査を活用する余裕もなかなか取れない現状にある。目の前にいる個々の対象者への個別支援が優先され，こうした対象者が暮らす地域社会の現状分析を行い，地域課題を把握したうえで地域支援を行う取り組みは，どうしても後回しにされてしまう。

　こうした現状にはあるが，社会福祉系専門職の専門性のひとつとして，社会調査の実施と分析能力が，今後さらに問われてくるのではないだろうか。各専門職と連携しながら課題解決のための各種サービスを作り上げていくためには，まず，何よりも高齢者をはじめとする対象者のニーズを正確に把握しなければならない。保健医療系専門職とは異なり，社会福祉系専門職は，対象者の生活全体の支援が求められるため（小松・高野 2022），対象者の生活構造を把握できる社会調査の必要性が大きくなると思われる。社会調査を十分に活用し得る

社会福祉系専門職の増加が期待される。

第5節　調査結果の公表の課題

　上述した社会調査の活用とは，単に技術的な面だけではなく，例えば，社会福祉系専門職として研究活動を行い，調査結果を還元することの重要性と効果を理解しているといった意味である。研究者にとっても，社会調査を介して社会福祉系専門職との連携が図られれば，社会調査結果の社会的還元の効果がより高まるのではないかと思う。

　過疎農山村地域に限ることではないが，住民の生活を支援する行政職員や専門職と研究者が，社会調査を通じて得られた知見を，地域住民自身が判断できるような形で伝えることによって，例えば，限界集落論が注目を集めた際に認められた，マスコミなどによる外部からの無自覚な評価によって住民がいたずらに困惑させられるような事態を多少なりとも防ぐことができるのではなかろうか。そのためにも正確な現状分析と将来展望を研究者は示し，公表していくことがあらためて求められているものと思う。

【注】

　1）現代日本で都市部に暮らす多くの人々にとって，親族が暮らす場合などは別としても，過疎農山村地域の存在を意識することはほとんどないのではないか。結果としての無関心の現れが，限界集落という言葉の広がりに示されたともいえよう。過疎農山村地域の人々は現代日本では，その生活の困難を含めて，声を上げる必要に迫られているにもかかわらず，声を出しづらい状況に置かれているともいえる。過疎農山村地域の人々に限らず声を出しづらい人々と社会調査の関係は，拙稿（高野 2020：5-10）でも検討したが，個別問題として捉えられがちな問題を，社会的な問題として示していくために実態把握が必要であること，また，そもそも問題の所在に気付いていない人々も少なくない場合があり，社会調査によって問題として存在することを示していく必要性があることなどを指摘している。これらは，本章で取り上げる社会調査結果の社会的還元の問題を考えるうえでも必要な論点である。

　2）中津江村での調査の概要については，第1章第3節を参照のこと。

【参考文献】

藤村正之（1997）「公表の方法と報告書作成の要領」森岡清志編著『ガイドブック社会調査　第2版』日本評論社：293-321

稲月正（2009）「質的調査の応用」谷富夫・芦田徹郎編著『よくわかる質的社会調査　技法編』ミネルヴァ書房：192-205

小松理佐子・高野和良編著（2022近刊）『人口減少時代の生活支援論』ミネルヴァ書房

Lofland, John, Lofland, Lyn H. (1995) *Analyzing Social Settings : A Guide to Qualitative Observation and Analysis*, Wadsworth.（＝進藤雄三・宝月誠訳，1997『社会状況の分析——質的観察と分析の方法』恒星社厚生閣）

高野和良（2010）「フィールドに入る」谷富夫・山本努編著『よくわかる質的社会調査　プロセス編』ミネルヴァ書房：100-113

―――――（2020）「調査困難者と社会調査——声を出しづらい人々の声をすくい上げるには」『社会と調査』24：5-10

付録　2016 年調査調査票

日田市における住みよい地域づくりアンケート

問1　最初にいま住んでおられる地域（小学校区ぐらいの範囲）のことをおうかがいします。

(1)　あなたがいまお住まいのところはどちらでしょうか。

1. 旧日田市　　2. 旧前津江村　　3. 旧中津江村　　4. 旧上津江村
5. 旧大山町　　6. 旧天瀬町

(2)　あなたの住んでいる地域の生活環境はいかがでしょうか。次の①から⑬について，「良い」「まあ良い」「やや悪い」「悪い」のうちあてはまるものの番号を○で囲んでください。

	良い	まあ良い	やや悪い	悪い
① 自然環境	1	2	3	4
② 災害や事故がなく安全なこと	1	2	3	4
③ 交通の便利さ	1	2	3	4
④ 快適な住まいがあること	1	2	3	4
⑤ 就業の場に恵まれていること	1	2	3	4
⑥ 買い物の便利さ	1	2	3	4
⑦ 病院や医療が整って安心なこと	1	2	3	4
⑧ 教育環境	1	2	3	4
⑨ 趣味やスポーツ・文化を気軽に楽しめる場	1	2	3	4
⑩ やりがいのある仕事に恵まれていること	1	2	3	4
⑪ 高齢者などへの社会福祉が整っていること	1	2	3	4
⑫ 困ったときに助け合える仲間が大勢いること	1	2	3	4
⑬ 全体的にみた地域の住み心地	1	2	3	4

問 2　あなたは次のような用事がある場合，どこでその用事を済まされますか。最もあてはまるものを 1 つ選んで◯をつけてください。

①日用品・食料品の買い物
1. 集落内
2. 現住所と同じ旧日田郡内の町村（旧上・中・前津江，旧大山，旧天瀬）
3. 現住所とは別の旧日田郡内の町村（旧上・中・前津江，旧大山，旧天瀬）
4. 合併前の旧日田市　　5. 大分県内　　6. 小国町や菊池市など近くの熊本県
7. 八女市やうきは市など近くの福岡県　8. 福岡市・北九州市・熊本市
9. 移動販売（車）　　　10. 生協などの宅配や通信販売
11. 自分ではしない（子どもや近所の人に頼む）
12. その他（具体的に：　　　　　　　　　　　　　　　　　　　　　　　）

②テレビ・冷蔵庫・家具などの耐久消費財の買い物
1. 集落内
2. 現住所と同じ旧日田郡内の町村（旧上・中・前津江，旧大山，旧天瀬）
3. 現住所とは別の旧日田郡内の町村（旧上・中・前津江，旧大山，旧天瀬）
4. 合併前の旧日田市　　5. 大分県内　　6. 小国町や菊池市など近くの熊本県
7. 八女市やうきは市など近くの福岡県　8. 福岡市・北九州市・熊本市
9. 通信販売　　　10. 自分ではしない（子どもや近所の人に頼む）
11. その他（具体的に：　　　　　　　　　　　　　　　　　　　　　　　）

③贈答品（お中元／お歳暮など）の買い物
1. 集落内
2. 現住所と同じ旧日田郡内の町村（旧上・中・前津江，旧大山，旧天瀬）
3. 現住所とは別の旧日田郡内の町村（旧上・中・前津江，旧大山，旧天瀬）
4. 合併前の旧日田市　　5. 大分県内　　6. 小国町や菊池市など近くの熊本県
7. 八女市やうきは市など近くの福岡県　8. 福岡市・北九州市・熊本市
9. 通信販売　　　10. 自分ではしない（子どもや近所の人に頼む）
11. その他（具体的に：　　　　　　　　　　　　　　　　　　　　　　　）

④病院への通院
1. 集落内
2. 現住所と同じ旧日田郡内の町村（旧上・中・前津江，旧大山，旧天瀬）
3. 現住所とは別の旧日田郡内の町村（旧上・中・前津江，旧大山，旧天瀬）
4. 合併前の旧日田市　　5. 大分県内　　6. 小国町や菊池市など近くの熊本県
7. 八女市やうきは市など近くの福岡県　8. 福岡市・北九州市・熊本市
9. その他（具体的に：　　　　　　　　　　　　　　　　　　　　　　　）

⑤休日などに遊びにでる時（ちょっとした外食，パチンコなど）
1. 集落内
2. 現住所と同じ旧日田郡内の町村（旧上・中・前津江，旧大山，旧天瀬）
3. 現住所とは別の旧日田郡内の町村（旧上・中・前津江，旧大山，旧天瀬）
4. 合併前の旧日田市　　5. 大分県内　　6. 小国町や菊池市など近くの熊本県
7. 八女市やうきは市など近くの福岡県　8. 福岡市・北九州市・熊本市
9. その他（具体的に：　　　　　　　　　　　　　　　　　　　　　）

問3　あなたは次のような考えについて，どのようにお考えですか。①から⑧のそ
　　れぞれについて，「そう思う」「まあそう思う」「あまりそう思わない」「そう思
　　わない」のうちあてはまるものの番号を○で囲んでください。

	そう 思う	まあ そう思う	あまり そう思わない	そう 思わない
① 今後もこの地域に住み続けたい	1	2	3	4
② 今住んでいる地域が好きだ	1	2	3	4
③ 子供や孫にもこの地域に住んで 　ほしい	1	2	3	4
④ 私は今，生きがいのある暮らし 　をしている	1	2	3	4
⑤ 子供や孫が地域から出て行くの 　ももっともだ	1	2	3	4
⑥ この地域はこれから生活の場と 　してだんだん良くなる	1	2	3	4
⑦ この地域のために何か役に立ち 　たい	1	2	3	4
⑧ この地域にいると何かと不便だ	1	2	3	4

問4　日々の暮らしの中で，あなたがもっとも頼りにしている方について伺います。
　　付問4-1　まず，その方について，当てはまる番号を1つ選んで○をつけてく
　　　ださい。
　　　1. 配偶者（夫または妻）　　　2. 自分の両親　　　3. 配偶者の両親
　　　4. 子ども　　　　5. 兄弟姉妹　　　　6. 他の親族
　　　7. 近所の住民　　　8. 職場の同僚　　　9. 友人
　　10. 民生委員　　　11. 振興局の職員　　12. 市役所の職員
　　13. 社会福祉協議会の職員　　　　　　14. 社会福祉施設の職員
　　15. その他（具体的に：　　　　　　　　　　　　　　　　　　　　）

付問 4-2　その方の性別を教えてください。**当てはまる番号を 1 つ選んで○を つけてください。**
1. 男性　　　　　　　　　　2. 女性

付問 4-3　その方の年齢をお答えください。**正確な年齢がわからない場合は， おおよその年齢でかまいません。**
（　　　　　　　　）歳

付問 4-4　その方とはどのくらいの頻度で会いますか。**当てはまる番号を 1 つ 選んで○をつけてください。**
1. ほとんど毎日　　　2. 少なくとも週 1 回　　　3. 少なくとも月 1 回
4. 少なくとも 2〜3 ヶ月に 1 回　　　　　　5. 年に数回

付問 4-5　その方はどちらにお住まいですか。**当てはまる番号を 1 つ選んで○ をつけてください。**
1. 同居している　　　　2. 集落内
3. 現住所と同じ旧日田郡内の町村（旧上・中・前津江，旧大山，旧天瀬）
4. 現住所とは別の旧日田郡内の町村（旧上・中・前津江，旧大山，旧天瀬）
5. 合併前の旧日田市　　　6. 大分県内　　　7. 小国町や菊池市など近くの熊本県
8. 八女市やうきは市など近くの福岡県　9. 福岡市・北九州市・熊本市
10. その他（具体的に：　　　　　　　　　　　　　　　　　　　　　　　　　）

付問 4-6　その方から，以下にあげるような助けを受けることができると思い ますか。**当てはまる番号すべてに○をつけてください。**
1. 自分が介護が必要になったときに，介護を頼むことができる
2. 自分が入院したときに，世話を頼むことができる
3. 急なお金が 2〜3 万円ほど必要になったときに借りることができる
4. 1 週間くらい家を空けるときに留守を頼むことができる
5. 食べ物のおすそ分けや日用品の貸し借りができる
6. ちょっとした外出のさいに付き添ってくれる
7. 生活上の悩み事があるときに相談にのってくれる
8. 何かうれしいことがあったときに一緒に喜んでくれる
9. 1.〜8. のような助けを受けることはできない

問5　あなたは，今までに子育てをしたことがありますか。
　　　1.　ある（→ 次の付問5-1に回答してください）
　　　2.　ない（→ 問6へお進みください）

　　付問5-1　あなたが主に子育てをしていた地域はどちらでしょうか。
　　　1.　集落内
　　　2.　現住所と同じ旧日田郡内（旧上・中・前津江，旧大山，旧天瀬）
　　　3.　現住所とは別の旧日田郡内（旧上・中・前津江，旧大山，旧天瀬）
　　　4.　合併前の旧日田市　　5.　大分県内　　6.　小国町や菊池市など近くの熊本県
　　　7.　八女市やうきは市など近くの福岡県　8.　福岡市・北九州市・熊本市
　　　9.　その他（具体的に：　　　　　　　　　　　　　　　　　　　　　　　　　　）

すべての方におたずねします。
問6　あなたの住んでいる地域は子育てをする人への支援やサービスが十分に整っ
　　　ていると思いますか。
　　　1.　そう思う
　　　2.　ややそう思う　　　　　　次の付問6-1へ進んでください
　　　3.　あまりそう思わない
　　　4.　そう思わない　　　　　　問7に進んでください
　　　5.　わからない

　　付問6-1　問6で「1. そう思う」，「2. ややそう思う」と答えた方におたずね
　　　します。
　　　　　そのように思う理由について，以下のなかから当てはまるものにいくつでも
　　　○をつけてください。
　　　1.　児童館や子育て支援センターなどの公的サービスが充実しているから
　　　2.　子育てサロンなど各地区での子育て支援が充実しているから
　　　3.　放課後児童クラブ（学童）が充実しているから
　　　4.　ひとり親家庭への支援が充実しているから
　　　5.　就労支援が充実しているから
　　　6.　同じ校区内で子育てをしている人たちからの援助を受けやすいから
　　　7.　近隣住民からの援助が受けやすいから
　　　8.　家族や親戚からの援助を受けやすいから
　　　9.　その他（　　　　　　　　　　　　　　　　　　　　　　　　　　　　　　）

問7　あなたは，この地域でずっと暮らしてこられましたか。

　　1. この地域の生まれで，ずっとここで暮らしている

　　2. よその生まれだが，子供の時からずっと住んでいる

　　3. よその生まれだが，自分や家族の仕事の関係で転居してきた

　　4. よその生まれだが，結婚のために転居してきた

　　　　　　　　　　　　　　　　　　　　　問8へ進んでください

　　5. 学校や就職で 2 年以上よそに出たがこの地域に戻ってきた（U ターンして
　　　　きた）　　　　　　　　　→　次の付問 7-1 へ進んでください

　　6. その他（具体的に：　　　　　　　　　　　　　　　　　　　　　）

問7で「5. U ターンしてきた」と答えた方におたずねします。

　　付問 7-1　それでは，あなたがこの地域を出られたのは，何歳のときですか。

　　（　　　　　　　歳の時）

　　付問 7-2　この地域を出られて最も長くすごされたのはどこですか。市町村名
　　を教えてください。

　　（　　　　　　県・府・都・道　　　　　　市・町・村）

　　付問 7-3　その後この地域に帰ってこられたのは何歳の時ですか。

　　（　　　　　　歳の時）

　　付問 7-4　帰ってこられた理由はどのようなものだったのでしょうか。当ては
　　まるものすべてに○をつけてください。

　　1. 親のことが気にかかるため

　　2. 先祖代々の土地や家を守るため

　　3. ふるさとの暮らしの方が，生きがいが感じられるため

　　4. 都会の生活が自分には合わないため

　　5. むかしからの友人・知人などがいるため

　　6. この地域から通える職場があったから

　　7. 親戚なども多く，生活が安定するから

　　8. 仕事上の失敗や病気によって

　　9. 定年になったので

　　10. その他（具体的に：　　　　　　　　　　　　　　　　　　　　）

　　付問 7-5　その中で最も大きな理由は何だったのでしょうか。今つけたものの
　　中から番号を 1 つお選びください。

　　（最も大きな理由：　　　　　　　）

すべての方におたずねします。

問8　あなたは，ご自分の老後の生活について，何か不安を感じていますか。次の
　　　中から1つ選んで○をつけてください。

　　　　1. 不安を感じる
　　　　2. 少し不安を感じる　　　｝次の付問8-1へ進んでください
　　　　3. あまり不安は感じない
　　　　4. 不安は感じない　　　　｝問9に進んでください
　　　　5. 考えたことがない

問8で「1. 不安を感じる」「2. 少し不安を感じる」と答えた方におたずねします。

　　付問8-1　では，どういった点に不安を感じていますか。次の①から⑪のそれ
　　　ぞれについて，「不安に思う」「まあ不安に思う」「あまり不安に思わない」「不
　　　安に思わない」のうちあてはまるものの番号に○をつけてください。

	不安に思う	まあ不安に思う	あまり不安に思わない	不安に思わない
① 生活費のこと	1	2	3	4
② 健康・からだのこと	1	2	3	4
③ 家の中に段差があるといった，住まいのこと	1	2	3	4
④ 家族のこと	1	2	3	4
⑤ 老後をみてくれる人がいないこと	1	2	3	4
⑥ 近所の人や，友人，知人との関係	1	2	3	4
⑦ 時代の変化についてゆけないこと	1	2	3	4
⑧ 社会福祉の質や量が十分でないこと	1	2	3	4
⑨ 配偶者（夫または妻）が倒れたり，先立たれたりした時のこと	1	2	3	4
⑩ 老人クラブや婦人会などの地域の団体の活動が衰退していくこと	1	2	3	4
⑪ 土地や家などの相続のこと	1	2	3	4

　　付問8-2　上の付問8-1以外で不安を感じることがあれば教えてください。
　　　（　　　　　　　　　　　　　　　　　　　　　　　　　　　　　　　　）

すべての方におたずねします。

問 9　次のような社会福祉サービスを利用することについて，あなたが感じておられることをおたずねします。

（ア）老人ホームなどの福祉施設に入ることは，世間体の悪いことだと感じますか。

1.　かなりそう感じる　　　2.　まあそう感じる　　3.　あまりそう感じない

4.　ほとんどそうは感じない　　5.　わからない

（イ）ホームヘルパーや入浴サービスなどの在宅福祉サービスを利用することは，世間体の悪いことだと感じますか。

1.　かなりそう感じる　　　2.　まあそう感じる　　3.　あまりそう感じない

4.　ほとんどそうは感じない　　5.　わからない

問 10　話は変わりますが，あなたは日田市との合併についてどう思いますか。次の中から 1 つ選んで○をつけてください。

1.　合併によって生活や地域が良くなっている

2.　合併しても生活や地域は変わらなかった

3.　合併によって生活や地域は厳しくなっている

4.　どちらともいえない

問 11　「地域」という言葉を聞いたときに，あなたが最初に思い浮かべる「地域」の範囲は次のどれでしょうか。あてはまるものの番号を 1 つ選んで○をつけてください。

1.　合併後の日田市　　2.　合併前の旧市町村　　　3.　大字区分（中学校区程度）

4.　小学校区　　　　　5.　集落（小字区分）

6.　その他（具体的に：　　　　　　　　　　　　　　　　　　　　　）

問 12　それでは，福祉活動での「地域の支え合い活動」といったときに，あなたが最初に思い浮かべる「地域」の範囲は次のどれでしょうか。あてはまるものの番号を 1 つ選んで○をつけてください。

1.　合併後の日田市　　2.　合併前の旧市町村　　　3.　大字区分（中学校区程度）

4.　小学校区　　　　　5.　集落（小字区分）

6.　その他（具体的に：　　　　　　　　　　　　　　　　　　　　　）

次にあなたご自身のことをお聞きします。

問 13　あなたの年齢は満何歳ですか。（満　　　　　　歳）

問 14　あなたの性別はどちらですか。

1.　男性　　　　2.　女性

問15　現在，あなたは結婚しておられますか。
　　1.　既婚　→　結婚されたのはおいくつの時ですか（　　　）歳
　　2.　未婚　　　3.　死別・離別

問16　それでは，あなたの同居世帯は，次のどれですか。あてはまるものの番号
　　を1つ選んで○をつけてください。
　　1.　一人暮らし　→　一人暮らしになって何年くらいになりますか（　　　）年
　　2.　夫婦だけの世帯
　　3.　夫婦と親だけの世帯
　　4.　親と未婚の子どもの世帯（同居している一番年下の子どもが<u>34歳以下</u>）
　　5.　親と未婚の子どもの世帯（同居している一番年下の子どもが<u>35歳以上</u>）
　　6.　三世代以上で暮らす世帯
　　7.　その他の世帯

問17　あなたは高齢者に対して介護や手のかかるお世話を行ったことがありますか。
　　1.　介護や看護などの仕事に就いている（いた）
　　2.　現在している（仕事以外で）
　　3.　過去に，したことがある（仕事以外で）　　　下の問18に進んでください
　　4.　したことがない　　　　　　　　　　　　　→　問19へ進んでください

<u>問17で「2.　現在している（仕事以外で）」「3.　過去に，したことがある（仕事以外で）」とお答えの方におたずねします。</u>
問18　介護によりあなたの生活には，どのような影響がありましたか。
　　あてはまるものすべてに○をつけてください。
　　1.　家族関係が良くなった
　　2.　介護保険制度や福祉サービスの必要性が分かった
　　3.　介護を通じて交流が広がった
　　4.　仕事を辞めることになった
　　5.　出かける機会が減った
　　6.　介護疲れやストレスにより体調を崩した
　　7.　金銭的負担が増えた
　　8.　家族関係が悪くなった
　　9.　その他（　　　　　　　　　　　　　　　　　　　　　）
　　10.　特に影響はなかった

問 19　あなた自身に介護が必要になった場合，最も困ると思われるものの番号を 1 つ
選んで○をつけてください。
1. 頼れる人がいないこと
2. 家族に負担をかけること
3. 介護のための経済的負担が大きいこと
4. 介護に適した部屋がない，入浴しにくいなど住宅の構造に問題があること
5. 住み慣れた自宅で生活できなくなること
6. 介護サービスについて情報が少ないこと
7. 緊急の場合に対応できる病院や診療所が近くにないこと
8. 特に困らない
9. わからない

すべての方におたずねします。
問 20　あなたは介護問題への対応のためには何が重要であると思いますか。あて
はまるものの番号を 1 つ選んで○をつけてください。
1. 自分自身や自分の家族で自助努力すること
2. 地域の人々が住民同士で支えること
3. NPO などの組織で支えること
4. 介護保険を含め，社会保障政策で支えること
5. わからない

問 21　あなたは普段，車（原付を含む）を運転されていますか。
1. 運転している
2. 免許は持っているが，あまり運転していない
3. 免許は持っているが，全く運転しない
4. 免許を持っていない

問 22　あなたは普段，JR やバスなどの交通機関を利用していますか。
1. よく利用している
2. たまに利用している
3. あまり利用していない
4. ほとんど利用していない

問23　あなたは日田市の交通機関（JR やバス）の使い勝手に満足していますか。

1. 満足している
2. やや満足している
3. あまり満足していない
4. 満足していない
5. わからない

問24　あなたが最後に卒業された学校は次のうちどれですか。

1. 戦前の旧尋常小学校・高等小学校・国民学校
2. 戦前の旧制中学校（師範学校・実業学校，高等女学校を含む）
3. 戦前の旧制高校，旧制大学（高等師範学校，旧制高等専門学校を含む）
4. 戦後の新制中学校
5. 戦後の新制高校
6. 戦後の新制大学，短大，高専

問25　次の団体のうち，あなたが参加しているものにいくつでも○をつけてください。

1. 自治会，町内会
2. PTA，子供会など
3. 地域婦人会
4. 青年団
5. 消防団
6. 老人クラブ
7. 頼母子講，お日待ち講，念仏講などの「講」
8. 氏子，檀家，祭礼集団
9. 商工会，農協，森林組合などの協同組合
10. 労働組合
11. 政党，政治団体，政治家の後援会
12. 社会福祉協議会，福祉ボランティアの会
13. スポーツ，趣味，娯楽の団体やサークル
14. 文化，歴史の学習や研究サークル
15. 住民運動の団体
16. その他（具体的に：　　　　　　　　　　　　　　　　　）
17. どれにも参加していない

問 25 で○をつけた団体についてお聞きします。
「17. どれにも参加していない」に○をつけた方は，問 26 に進んでください。

　付問 25-1　あなたが最もひんぱんに参加しているのはどの団体ですか。1 つだ
　　け番号を記入してください。　　　　　（　　　　　　）

　付問 25-2　あなたにとって最も大事な団体はどれですか。1 つだけ番号を記入
　　してください。　　　　　（　　　　　）

　付問 25-3　あなたにとって最も役に立っている団体はどれですか。1 つだけ番
　　号を記入してください。　　（　　　　　　）

　付問 25-4　様々な団体の活動は，全体として合併前と比べてどうですか。1 つ
　　選んで○をつけてください。
　　1. 合併前と比べて活発になった　　2. どちらかといえば活発になった
　　3. あまり活発ではなくなった　　　4. 活発ではなくなった
　　5. かわらない　　　　　　　　　　6. わからない

　付問 25-5　現在，参加されている団体や組織が行う活動は，全体として地域の
　　役に立っていると思いますか。1 つ選んで○をつけてください。
　　1. 役に立っていると思う
　　2. どちらかというと役に立っていると思う
　　3. どちらかというと役に立っていないと思う
　　4. 役に立っていないと思う
　　5. わからない

問26 あなたは，この一年間に，地域のどのような出事・行事に参加しましたか。次の中から，参加したものすべての番号に○をつけてください。

1. 常会（集落の寄り合い）
2. 農業用水の管理（水門の開閉，溝さらえ，補修など。ため池も含む）
3. 道普請（補修，道端の草刈りなど）
4. 共有林での共同作業
5. 地域の神社やお堂の掃除や修繕
6. 近所のお葬式の手伝い
7. 頼母子講
8. 田植えのなおらい
9. 地域のお祭り（準備も含む）
10. 小学校行事への参加
11. その他（具体的に　　　　　　　　　　　　　　　　　　　　　）
12. 全く参加していない

問27 あなたのご職業を，次の中から選んで○をつけてください（複数ある方は，2つまで○をつけ，そのうちの「主な職業」のほうの番号を下のカッコの中に記入してください。）

1. 農業（自営）又はその家族従業者
2. 自営の商工業又はその家族従業者
3. 民間企業の事務職員
4. 工場での作業者
5. 土木・建築作業者
6. トラックやタクシーの運転手
7. 商店などの店員
8. 公務員（役場職員など）
9. 農協・森林組合の事務職員
10. 林業経営
11. 林業の作業・労務職
12. 看護師，介護福祉士，ホームヘルパーなどの福祉医療関係
13. 専門職（医者，教員など資格や免許が必要な専門的な仕事）
14. 管理職（課長以上）
15. 専業主婦
16. 学生
17. 無職
18. その他（具体的に：　　　　　　　　　　　　　　　　　　　　）

問 27 で職業が 2 つ以上ある方に→「主な職業」は何番ですか（　　　　　　　）。

問 28　そのお仕事の職場はどちらでしょうか。(2 つ以上ある方は「主な職場」の
　　ほうでお答えください。)
　　1. 集落内
　　2. 現住所と同じ旧日田郡内の町村（旧上・中・前津江，旧大山，旧天瀬）
　　3. 現住所とは別の旧日田郡内の町村（旧上・中・前津江，旧大山，旧天瀬）
　　4. 合併前の旧日田市　　5. 大分県内　　6. 小国町や菊池市など近くの熊本県
　　7. 八女市やうきは市など近くの福岡県　8. 福岡市・北九州市・熊本市
　　9. その他（具体的に：　　　　　　　　　　　　　　　　　　　　　　）

問 29 は世帯主の方にうかがいます（65 歳以上の方はこの後にさらに質問があります）。
問 29　あなたの世帯では農地，林地を所有していますか。
　　1. 所有している　　→　付問 29−1 へ
　　2. 所有していない　→　付問 29−2 へ

　付問 29−1　あなたの世帯では農地を貸していますか（委託を含みます）。
　　1. すべて貸している（委託している）
　　2. 一部を貸している（委託している）
　　3. 貸していない（委託していない）

すべての世帯主の方におたずねします。
　付問 29−2　あなたの世帯では現在農業をしていますか。
　　1. 販売農家（経営耕地面積が 30a 以上又は農産物販売金額が 50 万円以上）で
　　　ある
　　2. 自給的農家（米や野菜は作っているがあまり売っていない）である
　　3. 家庭菜園のみやっている
　　4. 農業はやっていない

65歳未満の方への質問はここまでです。ご協力，誠にありがとうございました。

65歳以上の方は，ここから先の質問もお答えください。

問30　あなたが，収入のあるお仕事を続けている理由は何でしょうか。あなたの
　　　状況にもっともあてはまる番号に<u>いくつでも</u>○をつけてください。

　　1. 収入のある仕事はしていない

　　2. 生活費を得るため

　　3. 自由に使えるお金が欲しいため

　　4. 健康維持のため

　　5. 仕事を通じて，友人，仲間を得ることができるため

　　6. 生きがいが得られるため

　　7. 不慮の事態に備えるため

　　8. 仕事を通じて社会に貢献したいため

　　9. 仕事が好きだから

　　10. 他にやることがないため

　　11. 人手不足や後継者が不在のため，辞めたくても辞められないから

　　12. 周囲の人が働いているため

　　13. その他（　　　　　　　　　　　　　　　　　　　　　　　　　）

問31　あなたには，お子さんがおられますか。

　　1. いる　　　　→　**付問31-1へ進んでください。**

　　2. いない　　　→　**質問はすべて終わりました。長い間ご協力いただき，誠に
　　　　ありがとうございました。**

問 31 で「1.　いる」と答えられた方にのみおたずねいたします。

　付問 31-1　同居や別居のお子さんは何人ですか。下のカッコにそれぞれの人数
　　をお答えください。（いない方は 0 を記入してください。）
　　また，続柄についてもあてはまる番号に○をつけてください。
　　さらに，別居しているお子さんが，どちらにお住まいかも下から選んでご記入
　　ください。

（ア）**同居のお子さん（　　　　）人**
　1.　長男　　　2.　長女　　　3.　次男　　　4.　次女　　　5.　三男　　　6.　三女
　7.　それ以外の男性の子ども　　　8.　それ以外の女性の子ども

（イ）**別居のお子さん（　　　　）人**
　9.　長男（居住地を下から選んで番号をご記入ください：　　　　　　　）
　10.　長女（居住地の番号：　　　　　）
　11.　次男（居住地の番号：　　　　　）
　12.　次女（居住地の番号：　　　　　）
　13.　三男（居住地の番号：　　　　　）
　14.　三女（居住地の番号：　　　　　）
　15.　それ以外の男性の子ども（居住地の番号：　　　　　　　）
　16.　それ以外の女性の子ども（居住地の番号：　　　　　　　）

　1.　集落内
　2.　現住所と同じ旧日田郡内（旧上・中・前津江，旧大山，旧天瀬）
　3.　現住所とは別の旧日田郡内（旧上・中・前津江，旧大山，旧天瀬）
　4.　合併前の旧日田市　　　5.　大分県内　　　6.　小国町や菊池市など近くの熊本県
　7.　八女市やうきは市など近くの福岡県　　　8.　福岡市・北九州市・熊本市
　9.　その他

　付問 31-2　上の 1.　から 16.　のあなたはお子さんのなかで今後一番頼りにする
　　のはどなたですか。番号をご記入ください。（　　　　　　　　）

190

付問 31-3　過去 1 年間に，「別居」しているお子さんと何度くらい会われましたか。

1. 別居している子供はいない
2. ほとんど毎日会った
3. 週に 1，2 回会った
4. 月に 1，2 回会った
5. 年に 1，2 回会った
6. 1 度も会っていない

これですべての質問は終わりました。長い間ご協力いただき，誠にありがとうございました。

索　引

新・現代農山村の社会分析

2022年9月20日　第一版第一刷発行　　　　　　　　〈検印省略〉

編著者　高　野　和　良
発行所　株式会社　学　文　社
発行者　田　中　千　津　子

郵便番号　153-0064　東京都目黒区下目黒3-6-1
電話（03）3715-1501（代表）振替　00130-9-98842
https://www.gakubunsha.com

Printed in Japan
印刷／新灯印刷株式会社

ISBN 978-4-7620-3178-6